상인의
세계사

일러두기

● 본문의 각주는 번역하는 과정에서 추가했습니다.

「商人の世界史」 SHONIN NO SEKAISHI
© 2023 TOSHIAKI TAMAKI All rights reserved.

Original Japanese edition published in 2023 by KAWADE SHOBO SHINSHA Ltd.
Publishers Korean translation rights arranged with KAWADE SHOBO SHINSHA Ltd.
Publishers through Eric Yang Agency, Inc.

BROKERS

상인의
세계사

다마키 도시아키 지음 | 이인우 옮김

페이퍼로드
paperroad

머리말

무엇인가 갖고 싶다면, 현대에는 그 물품을 얻을 수단이 다양하다. 그러나 아주 먼 옛날에는 어땠을까? 아는 사람이라면 물려받고, 모르는 사람이라면 물물교환을 하거나 돈을 주고 샀을 것이다. 그런데 갖고 싶은 물품을 가진 사람이, 내가 갈 수 없는 먼 곳에 있다면 어떻게 했을까? 정답은 중간상인中間商人을 이용하는 것이다.

중간상인이란 문명과 문명을, 인간과 인간을 연결하는 사람이다. 그들은 보통 중매인이나 브로커 등으로 불린다. 그들은 '연결'로 수입을 얻는다. 필자가 전문으로 연구하는 경제사經濟史에서는 상품 생산이 연구의 중심 주제라 중간상인 같은 '매개 역할'에는 관심이 희박했다. 현재의 역사가들에게도 "사람들이 어떻게 원하는 상품을 얻었는가?" 같은 물음은, 그다지 흥미로운 주제가 아니다. 이것이 중간상인에 관한 관심이 덜한 이유일 테다. 그런데 이들을 빼놓고는 경제의 실상을 포착할 수 없다.

인간의 욕망은 끝이 없다. 이것만 손에 넣으면 원이 없겠다 싶다가도 곧 새로운 상품을 갈구한다. 점점 더 먼 곳에 있는 상품을 갖고 싶다는 욕망이 싹튼다. 그때, 사람들은 중간상인을 찾는다. 중간상인은 문명의 발생과 함께 등장했다. 메소포타미아, 이집트, 인더스, 황하黃河, 장강長江, 메소아메리카* 등의 각 문명은 서서히 통일되면서 세계는 하나의 경제권을 형성했다. 중간상인이야말로 세계사의 흐름 속에서 지구를 하나의 경제권으로 통합한 사람들이다. 그것뿐만이 아니다. 중간상인이 쌓은 네트워크를 이용해, 성직자는 종교를 전파하고 문학가는 문학을 배우며 국가는 무기를 수입했다. 중간상인은 역사상 아주 큰 역할을 담당했던 사람들이다.

그들이 거래한 지역, 그들의 교역 범위는 어쩌면 작았을지도 모른다. 중간상인들은 자신의 역할이 그렇게 크다고 생각하지 않았다. 그러나 실에 염주를 꿰듯이 그들의 활동은 커다란 교역권, 광대한 네트워크를 차츰 형성했다. 오늘날의 사업가도 비슷하다. 각각의 사업가는 자신의 상품이 세계 공급망의 일부를 형성한다고 자각하진 않는다. 그러나 그 사업가가 없다면, 어쩌면 상품 공급망이 적어도 일시적으로는 작동하지 못할 수 있다. 과거의 중간상인이나 현재의 사업가 모두 공급망의 일부를 담당하는 사람이라 평가해도 좋을 것이다.

전 세계의 기후는 지역마다 다르다. 열대, 건조대, 온대, 냉대, 한

---

* 북미대륙의 마야 문명과 아즈텍 문명으로 대표되는, 에스파냐가 정복하기 이전의 멕시코고원과 유카탄반도 지역을 일컫는다.

대로 나뉜다. 각지의 식물과 동물, 바다와 하천의 어류가 다르다. 인류는 그것들을 상품화하고, 중간상인의 손을 거쳐, 서로의 소비수준을 상승시켰다. 만약 전 세계의 기후가 똑같았다면, 전 세계의 식생과 동물 생태계가 비슷했을 것이다. 그랬다면 사람들은 다른 지역의 다양한 상품을 손에 넣으려는 생각조차 하지 않았을 것이다.

다양한 식생대를 하나로 묶어서 사람과 사람, 지역과 지역을 연결한 이들이 중간상인이었다. 일반적인 역사책은 문명이 구석기 시대부터 철기 시대로, 단계적으로 발전했다고 서술한다. 같은 금속이지만 철기가 청동기보다 강도가 강했기 때문에 청동기에서 철기로 발전한 것이다. 인류는 철기를 더 다양한 용도로 쓸 수 있었다. 청동기는 구리와 주석의 합금이다. 그런데 구리 광산과 주석 광산은 대개 멀리 떨어진 경우가 많다. 즉 '청동기'란 두 지역이 연결되어 탄생했다. 이에 따라 청동기 시대는 분명 상업이 확대된 시대였다는 사실을 알 수 있다. 청동기 시대부터 '상업'의 중핵을 담당한 집단이 바로 중간상인이다.

어떤 사람은, 옛날에는 아무리 멀어도 상인이 직접 다른 지역에 가서 물건을 수매했을 것이라 상상한다. 물론 그럴 수도 있다. 그러나 이미 교역로가 확보되어 있다면, 굳이 위험부담을 감수하면서까지 먼 곳에 가지 않고 중간상인에게 거래를 맡겨 적정한 수수료를 치르는 편이 현명하다. 이렇게 중간상인의 역할이 커지면서 전 세계의 상업도 확대됐을 것이다. 그런데 중간상인은 구체적으로 어떠한 활동을 했을까? 어떻게 다양한 지역을 연결할 수 있었을까?

중간상인은 아주 장기간에 걸쳐 사람과 세상을 연결했다. 그러나 전신電信의 도입 이후 기계, 나아가서는 SNS가 사람과 사람을 연결하는 매개가 되었다. 덕분에 세계는 엄청나게 빠른 속도로, 강력하게 연결된 사회가 되었다. 현대인은 인터넷 등에 의해 자기도 모르는 새에 알지도 못하는 사람들과 연결된다. 세계는 급속하게 좁아졌다. 필자는 이 책에서 '사람과 사람의 연결'이 고대에서 현대까지 어떻게 변화해 왔는지, 장구한 시간에 걸친 그 과정을 구체적으로 설명하고자 한다.

사람과 사람은 어떻게 연결되었을까?
사람과 사람을 연결한 방법은 어떻게 바뀌었을까?

지도 및 표 목록

1장

메소포타미아

최초의 브로커가 태어난 요람

메소포타미아 지역은 세계 최초로 상인이 탄생한 곳이다. 메소포타미아 문명은 인더스 문명과 밀접하게 연결되었는데, 메소포타미아 문명이 있었기에 인더스 문명이 탄생할 수 있었다. 메소포타미아 문명에서 국왕의 힘은 대단했다. 왕이 상업 활동을 이끌었다고도 말할 수 있다. 메소포타미아 문명은 현재의 이라크 지역에 있었다. 이 문명은 천연자원이 부족해 목재, 구리, 석재, 금과 은 등을 다른 지역에서 수입해야 했다. 자급자족이 불가능하다는 약점이, 오히려 중간상인이 활약하는 광범위한 상업권이 성립된 배경이었다.

농경의 개시

　일찍이 세계사에서는 메소포타미아, 이집트, 인더스, 황하 문명을 '4대 문명'이라 했지만, 현재는 중국 남부의 장강 지역과 메소아메리카 지역을 더해 '6대 문명'이라고 부른다. 아메리카에도 고대 문명이 있었고, 중국 남부 장강 지역에도 문명이 있었다는 것이다. 이들 가운데 메소포타미아 문명이 가장 오래되었다. 기원전 8000년 무렵 인류의 농경·목축 생활이 메소포타미아 지역에서 처음으로 시작되었다. 약 1만 년 전에 마지막 빙하기가 끝나고 농경에 적합한 기후가 되자, 사람들은 새로운 기후에 적응하며 농경 생활에 걸맞은 지혜를 축적했다.

메소포타미아란, 그리스어로 '강 사이'라는 뜻이다. 잘 알고 있듯이 티그리스강과 유프라테스강 사이의 지역을 일컫는다. 봄이 되어 눈이 녹으면 두 강은 자주 홍수를 일으켰다. 이에 농사에 유리한 충

지도1 메소포타미아 문명과 비옥한 초승달 지대

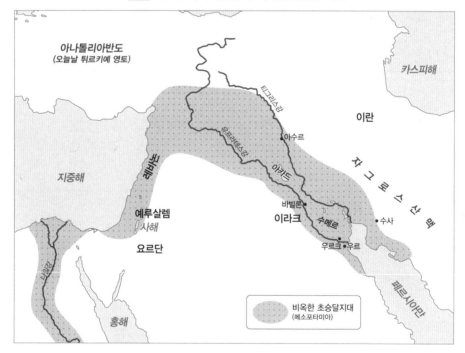

적토*가 형성됐고 자연히 농업이 발전했다. 메소포타미아 지역에서 오늘날 팔레스타인으로 불리는 '팔레스티나' 지역에 이르는 영역은, 곡물 생산성이 매우 높았기 때문에 '비옥한 초승달 지대'라고도 불렸다.

메소포타미아 문명을 이룩한 사람은 수메르인이다. 그들은 지상에 집을 짓고, 토기를 만들었으며, 점토판에 문자를 새겼다. 그 문자가 유명한 설형문자楔形文字다. 설형문자를 새긴 점토판 다수가 출토됐고, 설형문자를 해독해 당시 사회를 이해할 수 있다. 특히 세금과 관련한 기록이 많이 발견되어 메소포타미아 문명의 경제 실태를 이해하는 단서를 제공했다.

수메르인의 문화와 농업

수메르인의 기원은 잘 알려져 있지 않다. 그러나 세계사에 남긴 영향은 매우 크다. 도시를 건설했고, 설형문자를 만들었다. 세계에서 가장 오래된 신화로 통용되는 '길가메시 서사시'를 지었을 뿐만 아니라 수메르 법전을 인류 역사에 남겼다. 설형문자는 그로부터 먼 후대인 페르시아 제국(아케메네스 왕조, 기원전 550~기원전 330년)에서도 사용되었다. 또한 수메르 법전의 내용은 함무라비 법전에 계승되었다. 이들 문화는 메소포타미아 문명의 최초 단계인 수메르 문

---

* 흙이나 모래가 물에 흘러 내려와 범람원이나 삼각주 따위의 낮은 지역에 쌓여 생긴 토양이다.

화로 총칭된다. 설형문자는 그 후에도 오랫동안 오리엔트 세계 여러 언어의 공통문자가 되어 페르시아 제국(아케메네스 제국) 시대까지 계속 사용됐다.

티그리스강, 유프라테스강은 영양분이 듬뿍 담긴 강이라 그 일대에는 비료가 필요하지 않았다. 따라서 곡물 수확량이 대단했다. 나아가 수메르인은 담수 및 바다에서 얻은 생선을 단백질원으로 확보할 수 있었다. 인류 생존에 필요한 동물성 단백질을 수메르인은 가축과 생선에서 얻었다. 이에 수메르인 사회에서 어업이 차지한 비중이 크다는 사실을 알 수 있다.

메소포타미아의 농작물은 주로 보리와 밀이었다. 보리는 주식이자 맥주의 원료였다. 또한 대추야자, 양파 등도 재배했다. 양과 염소, 소와 돼지 등이 가축으로 사육되었다. 재배와 목축을 통해 메소포타미아 사람들의 생활 수준은 더욱 향상되었다. 영어에서 'Domestication'이라는 단어가 있다. 이 단어는 '재배화, 가축화'를 의미한다. '재배화'는 야생종을 인위적으로 재배하는 것을 뜻하고, '가축화'는 야생동물을 길들여 가축으로 삼는 것을 뜻한다. 인류가 정착 농업을 하면서, 젖을 마시고 고기를 먹으며 땅을 갈고자 동물을 가축화했다. 인간은 그러는 사이에 자기도 모르게 생태계를 크게 변화시켰다. 이를 최초로 성공한 문명이 바로 메소포타미아 문명이었다.

관개의 발전으로 모여든 농민들

메소포타미아 문명의 남쪽 지역은 강수량이 적어 천수답*처럼 물에 크게 의존하는 농법이 발전하지 못했다. 대신 관개灌漑 기술이 발전했다. 메소포타미아 중부 지역에서 기원전 7000년대 말기부터 기원전 6000년대 전반의 관개 설비가 발견되었는데, 아마도 세계 최초의 관개 시설일 것이다. 메소포타미아 남부 지역에서 관개가 시작된 시기는 기원전 6000년대 후반으로 추정된다. 보리가 그 무렵의 주요 재배 작물이었다.

보리(또는 밀) 경작을 위해 경작지는 구역마다 나뉜다. 각 경작지에 관개, 경작, 파종이 이뤄졌다. 경작지는 경작과 휴작의 주기가 2년마다 반복되는, 격년 경작제로 운영됐다. 토질의 고갈과 염해(鹽害, 염분 피해)를 최소화하기 위함이었다. 휴경 중인 땅에는 가축을 방목하기도 하였다. 이러한 조치로 곡물 생산성은 비약적으로 향상됐다. 한 알의 곡식에서 몇십 배의 알갱이를 거둘 수 있게 되었다. 훨씬 후대인 중세 유럽에서 고작 몇 배 정도만 생산했으니, 메소포타미아 문명의 당시 관개 시설이 얼마나 뛰어나고 그로 인한 생산성이 얼마나 높았는지 잘 알 수 있을 것이다.

이러한 높은 생산성을 확보하려면 관개 시설이 계속 유지되어야 하는데, 이는 거대한 권력을 가진 사람이 출현하면서 가능해졌다. 어쩌면 권력을 가진 왕이 있었기 때문에 관개 시설이 발전했을지도

---

* 빗물에 의해서만 벼를 심어 재배할 수 있는 논을 가리킨다.

모른다. 관개 설비에 의해 물을 충분히 공급할 수 있게 되었다. 이후 더 많은 작물을 생산하기 위해서는 마을 단위의 경계를 넘어 관개 설비를 관리 및 유지해야 했다. 관개 시설이 강에서 경작지로 물을 운반하려면 여러 개의 촌락을 거쳐야 했다. 관개 시설을 유지하려면 (물줄기가 흘러가는) 여러 촌락의 협력이 필수적이다. 수로는 토사에 의해 막힐 수 있으니 정기적으로 장애물을 제거해야 했다. 운하가 한 개라도 막히면 관개 시설 전체가 기능을 잃을 수 있기 때문이다. 한 저수지에서 다른 저수지로 물을 옮겨 각 저수지가 일정한 수위를 유지하도록 하는 일도 매우 중요했다. 농민들은 어느새 작은 단위의 집단으로만 생활하기는 어려운 상황에 봉착한다. 운하에 의해 긴밀하게 연결된 농민들은 복잡한 관개 시설을 구축하고 유지하기 위해 서로 협력할 수밖에 없었다. 공동 작업으로 인해 거대한 공동체가 탄생한 것이다.

기원전 3500년 전부터 기원전 3000년에 걸쳐서 관개 시스템을 발전시킨 메소포타미아 문명에서, 마침내 잉여생산물이 출현했다. 이제부터는 모든 사람이 농업에 종사할 필요가 없어졌다. 농민이 아닌 사람이 등장했고, 마을은 더 큰 공동체로 성장했다. 몇몇 촌락은 수천 명의 인구를 보유한 도시가 되었다. 수메르인의 도시국가가 탄생한 것이다.

도시의 탄생

가장 오래된 수메르인 도시는 기원전 3500년 무렵에 탄생했다. 최초의 도시는 작은 독립국 같았다. 여러 도시에서 지배자가 탄생하고, 농민은 식료품 공급을 담당했다. 이 무렵의 유명한 도시는 우르Ur, 우르크Uruk, 라가시Lagash 등이다.

메소포타미아 문명의 경제적 기반은 농업이었지만, 문화적 기반은 도시였다. 도시는 성벽과 농지에 둘러싸였다. 햇볕에 말린 벽돌로 지은 성벽은 아주 튼튼했다. 물이 흐르는 해자가 성벽 주위를 둘러싸는데, 이는 적의 침입을 효과적으로 방어하기 위한 설계였다. 성 밖에 사는 사람들은 유사시 성벽 안으로 들어가 도망칠 수 있었다. 각 도시의 높은 곳에는 신전이 세워졌다. 그 건물을 지구라트라고 불렀다. 신전(지구라트) 안에는 신상이 모셔졌고, 그 앞에는 공물을 바치는 장소가 설치됐다. 이러한 신전은 곧 도시의 가장 높은 곳에 세워진, 가장 중요한 건물로 취급받았다. 도시 전체가 신의 가호 속에 있다고 믿었기 때문이다. 자연히 신관이 도시에서 최고의 지위를 차지하게 되었다.

메소포타미아 문명권에서는 원래 '원로회'와 '민회'처럼 시민에 의한 민주적인 조직이 도시국가들을 운영했다. 그러나 농업용수 확보의 중요성과 이민족의 침입을 막기 위한 군대의 필요성이 대두되었고, 이로 인해 강력한 권력을 가진 군사 지도자가 출현했다. 이러한 군사 지도자가 왕이 되었고, 왕권은 갈수록 강력해졌다. 왕위는 세습되었고, 왕은 도시의 수호자로 추앙받았다. 왕은 거대한 궁전을 짓고 전차 군대를 조직하며 중무장한 보병부대를 거느렸다. 왕은 마침내 신관에 대항할 권력을 발휘하는 존재로 거듭났다.

한편 도시에서는 상인도 활약했다. 그들은 대상로*와 해로를 이용해 멀리 떨어진 도시들을 오가며 장사했다. 상인들이 취급하는 품목에는 생필품은 물론 각 지역의 특산품도 있어서, 이를 소비하는 도시민의 생활도 덩달아 풍부해졌다. 당시 수메르 사회에는 개인소유권 개념이 있었기 때문에 그들의 생활 수준은 빠르게 향상됐다.

관개의 문제점

관개에는 큰 문제가 수반된다. 티그리스강과 유프라테스강에는 약간의 염분이 섞여 있다. 관개를 하는 동안 토양에 강물 속 염분이 쌓인다. 건조지대에서는 물이 증발하면서 염분이 더욱 농축된다. 더군다나 건조지대의 지하수는 상대적으로 염분 함량이 높다. 그러니 관개를 하면 모세관 현상**으로 지하에 있는 염분이 토양 표면까지 올라온다. 이로 인해 염해가 발생하면 농업 생산성이 크게 위축된다. 메소포타미아처럼 강수량이 적은 지역에서는 이러한 문제가 더욱 심하게 발생할 수 있다.

---

* 대상(隊商)은 사막이나 초원과 같이 교통이 발달하지 않은 지방에서, 낙타나 말에 짐을 싣고 떼를 지어 먼 곳으로 다니면서 특산물을 교역하는 상인을 일컫는다.
** 모세관(가는 관)을 액체 속에 넣었을 때, 관 속의 액면(液面)이 관 밖의 액면보다 높아지거나 낮아지는 현상을 일컫는다.

반면에 비가 많은 지역에서는 장기간 관개 농업을 해도 염해가 발생하지 않는다. 증발하는 물의 양보다 토양이 흡수하는 물의 양이 많아서 염분을 포함한 수분이 토양 위로 올라오지 않기 때문이다. 따라서 관개 농업 체제는 장기간에 걸쳐 커다란 부작용을 끼칠 가능성이 있었다. 그것이 결국 현실이 되었다. 실제로 메소포타미아에서는 토양 중의 염분 농도가 올라가 염해에 강한 보리의 생산성은 높아지는 대신, (염해에 취약한) 밀의 생산성은 감소하는 현상이 나타났다. 구체적으로 보면, 기원전 3000년 무렵에 보리와 밀 생산 비율이 비슷했으나 기원전 2000년 무렵이 되면 밀은 메소포타미아에서 더는 재배할 수 없는 작물이 되고 말았다.

염해에 의해 메소포타미아 전역의 농업 생산력이 떨어졌고 급기야 국력도 저하되었다. 메소포타미아는 어느새 곡물을 대량으로 수확할 수 없는 메마른 땅으로 전락했다.

아카드 왕국과 사르곤 1세

염해 때문에 메소포타미아의 곡물 생산성이 크게 저하된 시대에 등장한 집단이 셈어* 계통의 아카드인이다. '아카드Akkad'란 현재의 이라크 중남부 지역을 가리킨다. 아카드인의 언어는 셈어 계통의

---

* 셈어 또는 셈어파(Semitic)는 서아시아와 북아프리카 전역, 동아프리카 북부에 걸쳐서 3억 8,000만 명 이상의 인구가 사용하는 언어들을 총칭한다. 오늘날 가장 널리 쓰이는 셈어는 아랍어. 셈어에 속하는 언어들을 사용하는 민족을 '셈족'이라 통칭한다.

아카드어로, 메소포타미아의 공통어였다.

아카드 왕국_{기원전 2334~기원전 2083년}은 사르곤 1세 때 번영을 누렸다. 사르곤 1세_{Sargon}는 기원전 2300년 무렵, 메소포타미아 남부의 수메르인 도시국가를 제압하고 '수메르 및 아카드의 왕'이 되어 메소포타미아를 처음으로 통일했다. 사르곤 1세는 교역로를 정비해 메소포타미아 전역을 아우르는 중앙집권적인 지배자가 되었고, 먼 곳까지 정복 전쟁을 거듭했다. 서쪽으로는 유프라테스강 중류, 북쪽으로는 오늘날 시리아에 해당하는 영토를 획득했다. 소아시아에서는 토로스산맥에서 생산되는 은을 손에 넣었다. 동쪽에서는 '비옥한 초승달 지대' 주변의 요충지를 확보했다. 사르곤 1세는 메소포타미아 여러 지역의 지배자들처럼 강력한 왕권으로 상업을 보호했다. 덕분에 메소포타미아의 경제력은 다시 부흥하게 되었다.

아카드 왕국은 인더스강, 현재의 바레인섬과 오만에 이르는 광범위한 동서무역의 중심지가 되었고, 메소포타미아 전역 대부분을 지배하는 국가로 발전했다. 그러나 사르곤 1세 사후 아카드 왕국은 쇠퇴하기 시작해, 기원전 2083년 구티족_{Guti}이 세운 구티 왕조(구티움)에 의해 멸망했다.

우르 제3왕조

구티족의 지배에서 해방된 수메르인은 이후 우르 제3왕조_{기원전 2112~기원전 2004년}를 건립했다. 우르 제3왕조는 수메르인의 마지막 통일

왕조였다. 왕조의 창시자, 우르남무Ur-Nammu의 통치하에서 대규모의 운하 건설과 정비가 이뤄졌다. 덕분에 페르시아만을 비롯한 몇 개 지역과의 교역이 이루어져 왕조가 크게 발전했다. 또 우르남무왕은 '우르남무 법전'을 편찬했는데, 수메르어로 쓰인 이 법전은 현존하는 가장 오래된 법전이다.

우르남무왕의 아들이자 후계자인 슐기Shulgi왕은 관료제를 발전시켜 엄청난 양의 행정·경제문서를 남겼다. 그 문서들에 따르면 슐기왕은 행정 기구를 정비하고 문서형식과 도량형을 통일했다. 또 토지조사를 실시해 곡물 수확량을 정확히 파악했다고 전해진다. 이것은 관료 국가로서는 필수적인 일이었다. 그리고 여러 지역에 군대를 보내 왕조의 영토를 확장했다.

우르 제3왕조는 왕가가 교역을 독점했다. 왕조 초창기의 상인은 왕이나 왕비를 위해 봉사하는 사람이었다. 요컨대 상인은 왕실의 '일꾼'이었다. 국가(왕가)가 상업을 경영하는 형태는 이 왕조에서도 계속되었다.

바빌로니아 제1왕조

셈계 유목민인 아무루인(아모리인, Amurru)은 티그리스강과 유프라테스강 하류 지역인 바빌로니아 지역에 침입했다. 그리고 기원전 1900년 무렵, 바빌론을 수도로 삼아 왕조를 건설했다. 이것이 바빌로니아 제1왕조(고古바빌로니아)다.

바빌로니아 제1왕조에서 가장 유명한 왕은 함무라비재위: 기원전 1792~
기원전 1750년경다. 함무라비왕은 메소포타미아 전역을 통일하고 교통망
을 정비했으며 상업을 발전시켰다. 또한 관개를 위해 필요한 운하
망을 정비했다. 그때까지의 왕조처럼 왕실 중심의 농업체제를 설
계하고, 정복한 영토의 경작지를 왕실령으로 편입했다. 고위관료와
신관에게 그 땅의 일부를 다스리게 하는 대신 수확물의 일부를 국
가에 바치도록 했다.

함무라비왕이 남긴 가장 유명한 유산은 우르남무 법전을 토대
로 수메르인의 법을 집대성한 '함무라비 법전'이다. 이 법전은 설형
문자를 사용해 아카드어로 작성되었다. 법전의 원칙은 이른바 "눈
에는 눈"이라는 복수법인데, 형법·상법·민법 등을 포함한 전체
282조의 법률은 "강자가 약자를 함부로 대해서는 안 된다."라는 입
법 취지를 바탕으로 구성됐다. 함무라비 법전의 또 다른 특징 중 하
나는 신분에 의해 처벌이 달라진다는 점이었다. 그리고 계약 자유
의 원칙도 있었다. 이와 같은 함무라비 법전은 이후 등장할 법률들
의 토대가 되었다.

아시리아 제국

아시리아 제국은 강대한 군사 국가였다. 도시국가였던 고古아시
리아 시대부터 상업이 크게 발전했다. 기원전 2000년대 전반에 아
나톨리아반도(오늘날 튀르키예) 중앙의 퀼테페(카네쉬)라는 지역에 상

업용 식민도시를 세워 주로 구리와 주석 교역에 종사했다. 아시리아 제국은 그때까지의 메소포타미아에 있던 여러 왕조처럼 상업을 대단히 중시한 왕조였다.

사실 아시리아인은 오랜 세월 강력하다고는 할 수 없는 생활을 영위했다. 그러나 기원전 8세기 중반 무렵, 신新아시리아 제국의 티글라트−필레세르 3세Tiglath-Pileser III, 재위: 기원전 745~기원전 727년 시대에 상비군을 갖추고 대외 진출을 적극적으로 시도했다. 아시리아 제국의 지위는 아슈르바니팔Ashurbanipal, 재위: 기원전 668~기원전 627년이 치세하는 시기부터 상승한다. 아슈르바니팔은 이집트를 공격해 수도 테베를 함락했다. 이 승리를 발판으로 근동 지역을 통일하고 메소포타미아 문명과 이집트 문명을 융합시켰다.

아시리아인은 상인으로서도 활약했다. 카네쉬를 근거지로 삼아 아나톨리아반도에서 교역을 벌였다. 아나톨리아반도 남부에서 양털을 사서 북부의 구리와 바꾸고, 다시 그 구리를 서부의 양털과 바꾼 뒤, 최종적으로 더 많은 구리와 교환하는 형태의 무역에 종사했다. 그러나 기원전 612년, 아시리아 제국은 신바빌로니아 제국과 메디아 왕국*에 의해 멸망됐다.

---

* 신바빌로니아 제국은 고바빌로니아 제국(바빌로니아 제1왕조)을 이어 기원전 626년부터 기원전 539년까지 존속한 바빌로니아 제2왕조다. 메디아 왕국은 현재의 이란 북서부의 메디아에 있었던 고대 국가였다.

문명을 매개한 엘람인

메소포타미아 문명과 인더스 문명은 서로가 상대의 교역 대상이었다. 이 교역을 담당한 사람들 가운데 엘람인Elam이 있었다. 엘람인은 기원전 22세기 무렵 이란고원 남서부 일대에서 등장해 기원전 639년 무렵 아시리아 제국에 나라를 잃은 계통 불명의 민족으로, 이란의 자그로스산맥 인근에 있던 엘람 왕국 사람들이었다. 인더스 문명의 기원에 관한 전문연구자인 고토 켄後藤健은 그들을 '엘람 문명'이라고 불렀다. 그는 엘람인이 고대 근동 교역에서 큰 활약을 했던 민족이었다고 주장한다. 예를 들어 인더스 문명의 산물로 유명한 청금석(라피스라줄리)은 메소포타미아, 나아가서는 이집트에 수출돼 투탕카멘의 마스크 장식에도 사용되었다. 고토 켄에 따르면, 청금석을 이집트로 유통한 사람들이 엘람 상인들이다.

아오야기 마사노리青柳正規는 기원전 2600년 무렵 엘람 왕국이 수메르인의 도시국가 키시Kish로부터 공격을 받아 수도 수사(Susa, 훗날 아케메네스 제국의 수도가 됨)가 함락되면서 터전을 오늘날 이란의 남동부로 옮겼다고 한다. 그리고 새로운 도읍지인 아라타Alatta를 중심으로 수메르인과 계속 교역했다. 이에 따라 수메르인과의 교역 거점이 이전보다 인더스 문명 쪽으로 가까워졌다. 그리고 아라타를 통해 주변에서 얻은 석재, 목재, 클로라이트라고 불리는 녹니석綠泥石 가공품, 청금석 등을 인더스 지역에서 메소포타미아 지역으로 수송했다. 아라타를 중심으로 여러 지역이 얽힌 교역망을 '트랜스 엘람 문명'이라 부르며, 이 트랜스 엘람 문명은 메소포타미아와 인더스를 이어주었다. 엘람인은 문명에서 문명으로 상품을 수송하면서 큰 이익을 거뒀다. 그것은 바꿔 말하면, 서로 다른 문명을 각지에 전파하는 것이기도 하였다. 문명은 이처럼 사람들에 의해 서로 맺어지고 교류되었다.

바다를 넘나든 딜문인

엘람인처럼 근동 지역과 인더스 문명을 연결한 중간상인으로는 딜문Dilmun의 상인들, 딜문인이 있다. 딜문은 기원전 2000~기원전 1700년 무렵에 메소포타미아 남쪽 지역과 오만반도, 나아가서는 인더스 문명을 연결하는 페르시아만 해상무역을 독점했다. 메소포타미아 남부에서 딜문 땅을 거쳐, 구리, 주석, 사금, 상아, 홍옥석紅玉髓, 청금석, 목재, 진주 등의 물자가 대량으로 수송됐다. 그리고 오만반도의 구리, 인더스 지역의 사금과 상아, 아프가니스탄의 청금석과 주석, 딜문의 진주와 산호, 대모(玳瑁, 매부리바다거북의 등껍질) 등이 딜문인을 중심으로 이동했다. 딜문인도 엘람인처럼 중간상인들이었다.

딜문 상인들은 메소포타미아와 오늘날의 오만 지역, 인더스 유역 나아가 중앙아시아를 연결했다. 학자들은 딜문 상인들이 주석과 청금석을 들고 인더스강을 따라 북상해 중앙아시아까지 갔다고 추정한다. 그들의 교역 네트워크는 엘람인의 교역망과 비슷하거나 그 이상일 것이다.

지도2 오리엔트 문명과 인더스 문명을 연결한 엘람과 딜문

딜문 상인의 상업에도 국가가 큰 역할을 맡았다. 메소포타미아 남부와 딜문의 교역을 담당한 자는 상인만이 아니었다. 국가 관료가 공적인 해외 교역의 최종 책임자였다. 적어도 아카드 왕국 시대나 우르 제3왕조 시대에는 '상인'의 다수가 고위층이 출자한 은을 밑천으로 삼아 활동했다. 하지만 때때로 왕권으로부터 상당히 독립된 교역 활동을 벌였다. 메소포타미아 문명의 여러 국가에서는 정부가 상업에 적극적으로 관여하긴 했지만 이와 별개로 상인만의 독자적인 네트워크도 발전했다.

중간상인이 문명을 연결하다

잘 알려져 있듯이 메소포타미아 문명과 이집트 문명이 일체화하면서 '오리엔트'라는 하나의 문명권이 생겨났고, 그것이 인더스 문명과 융합해 광대한 문명권이 탄생했다. 메소포타미아 남부에는 금·은·동·주석 등의 금속, 목재 등 문명이 발전하기 위해 필요한 자원이 거의 없었다. 이런 자원은 이란이나 아나톨리아반도에서 가져와야 했다. 따라서 메소포타미아 문명은 자연히 상업이 발전했다. 이를 위해 메소포타미아 문명은 인더스 문명과 상업적으로 밀접하게 교류했다. 즉 두 지역은 하나의 상업권을 형성했다.

이처럼 중간상인은 문명과 문명을 연결한 매개체다. 여기서 우리는, 메소포타미아 지역에 여러 왕조가 난립했음에도 상업은 꾸준히 발전했다는 사실에 주목해야 한다. 지금까지 살펴보았듯이 국가가 상업에 적극적으로 나섰을 뿐만 아니라 민간인들의 상업도 확대했다. 특히 메소포타미아와 인더스의 교역에서는 엘람과 딜문의 중간상인이 크게 활약했다. 메소포타미아 문명과 이집트 문명이 통일되어 오리엔트 문명으로 발전한 과정에서, 그리고 오리엔트 문명과 인더스 문명의 교역에서 중간상인의 비중은 무척 컸다. 이들 중간상인의 활약으로 이집트에서 인더스강 유역에 이르는 광대한 상업권이 성립할 수 있었던 셈이다.

2장

페니키아인

지중해 교역로의 개창자

유럽의 고대 문명은 원래 오리엔트 문명에서 파생됐다. 그리스인은, 장기적으로 유럽인은 오리엔트 문명에서 벗어나면서 독자적인 문화를 창출했다. 이는 문명의 근거지가 지중해 동쪽에서 서쪽으로 이동하며 가능해졌다. 페니키아인은 이 과정에서 혁혁한 공을 세웠다.

일반적으로 고대 지중해 세계는 그리스인과 로마인이 형성했다고 생각하지만 그들보다 앞서 페니키아인이 지중해에서 활동했다. 그리스인이 지중해 동쪽을 차지했다면, 페니키아인은 서쪽에 식민지를 형성했다. 현재 레바논 부근에 거주했던 페니키아인은, 동지중해에서부터 서지중해로 향하는 항로를 개척했다. 그들은 또한 알파벳을 개량한 민족이기도 하다. 페니키아인이야말로 지중해 문명의 어머니인 셈이다.

페니키아인, 그들은 누구인가

페니키아인의 기원은 수수께끼에 싸여 있다. 그들이 셈족 계통 민족이라는 점, 현재의 레바논 부근에서 지중해를 중심으로 대서양, 인도양, 나아가 동남아시아까지 진출했던 해양 민족이었다는 점만 알려져 있다. 이들에 필적할 만한 해양 민족은 이후 오랫동안 나타나지 않았다. 굳이 말하자면, 대항해시대가 되어서야 비로소 유럽인이 페니키아인보다 넓은 해양 네트워크를 확보할 수 있었다.

DNA를 분석한 결과, 튀르키예 남부, 몰타, 시칠리아, 모로코, 에스파냐, 사르데냐섬, 이비사섬, 튀니지 등에 본래부터 살던 사람들과 페니키아인은 비슷한 유전자를 갖고 있다. 그렇지만 이 지역의 넓은 범위를 생각하면, 페니키아인의 기원은 여전히 안개 속에 가려져 있다. 페니키아인이 해양 민족이었다는 점만 분명할 뿐이다.

기원전 12세기 무렵, 히타이트와 이집트 신왕국*이 멸망하면서 페니키아인은 타국의 지배에서 벗어났다. 그들은 단일민족이 아니라 지중해 방면에서 해상 교역에 종사한 집단이었다. 기원전 15세기~기원전 14세기 무렵에 '우가리트'라는 도시를 건설하기도 했으나, 기원전 12세기에 민족 계통을 알 수 없는 '해양민'의 공격을 받아 멸망했다. 이후 페니키아인은 '시돈'과 '티레'라는 도시를 중심으로 활동하게 되었다.

---

* 히타이트는 기원전 18세기~기원전 8세기에 오늘날 튀르키예가 있는 아나톨리아반도에서 존속한 고대 왕국이다. 최대 영토를 이룩한 당시에는 오늘날의 시리아, 레바논, 그리고 메소포타미아 지역과 국경이 맞닿았다. 한편 이집트 신왕국은 기원전 16세기~기원전 11세기까지 존속된 18~20왕조를 일컫는다.

지도3 페니키아인의 기원

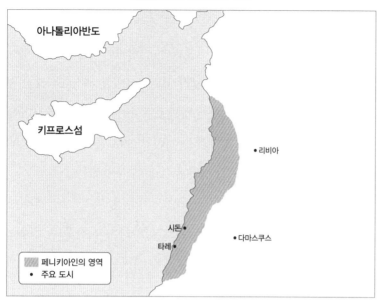

아나톨리아반도

키프로스섬

• 리비아

시돈•
타레•

• 다마스쿠스

▨ 페니키아인의 영역
• 주요 도시

페니키아인이 정착했던 레바논 일대에는 높이가 40m 정도까지 자라는 레바논 삼나무가 많았지만 현재는 거의 사라졌다. 페니키아인을 비롯한 당시 교역종사자들이 배를 만드는 목재로 쓰기 위해 남벌했기 때문이다.

페니키아인의 특산품으로 적자색赤紫色 염료로 물들인 염색 직물이 유명했던 것 같다. 고도로 숙련된 장인들이 만들어 낸 상아 공예품과 귀금속, 유리 세공품 등도 있었다. 페니키아인의 상품은 지중해 세계에서 귀족층에 속하는 사람들이 앞다퉈 탐내던 최고의 상품이었다.

대대로 계승된 페니키아의 해상 네트워크

페니키아인은 유프라테스강 상류에 정주하면서 내륙 교역을 담당했던 아람인Arameans과 종종 비교된다. 아람인이 시리아사막 등에서 낙타 대상으로 교역한 것과 달리 페니키아인은 해상교역으로 활약했다. 원래 아람인은 시리아에서 메소포타미아 북부에 걸친 지방에서 활동한 유목민이었다. 이들은 기원전 2000년대 중반 무렵, 몇몇 지역에 진출해 정착했다. 기원전 1200년 무렵에는 오늘날 시리아의 수도인 다마스쿠스Damascus 등의 도시를 중심으로 몇 개의 소국을 형성하면서 내륙 교역 담당자로 활약하기 시작했다. 그들이 사용한 아람 문자는 각지에 전파돼 동방에서 생성된 여러 문자의 모체가 되었다. 아람 문자가 영향을 끼친 문자로는 히브리 문자, 시리아 문자, 아라비아 문자, 인도 문자, 위구르 문자, 몽골 문자, 만주 문자 등이 있다.

한편 페니키아인은 상형성象形性이 남아 있던 고대 알파벳을 선형線形문자로 개량해 오늘날 쓰이는 알파벳의 원형을 만들었다. 페니키아인이 만든 알파벳은 원래 자음만을 표시했다. 훗날 그리스인이 모음을 추가하며 현재와 같은 알파벳이 되었다. 알파벳의 사용 범위를 보면, 페니키아인이 얼마나 넓은 지역에서 교역 활동을 했는지 알 수 있다. 이처럼 아람인과 페니키아인이 문자를 발명·개량하는 데에 특출했던 건 필시 교역 때문일 것이다. 교역은 단순히 말을 주고받는다고 해결되지 않는다. 교역은 다른 사람과 생각을 교환하며 접촉해야 가능하다. 당연히 기록할 수 있는 문자가 필요하다.

페니키아인은 지중해를 중심으로 서아프리카에서 홍해를 지나 인도양에 이르는 영역에서 활동했다. 페니키아인은 또한 홍해에서 아프리카 동부를 거쳐 희망봉을 돌아오는 아프리카 일주도 감행했다. 기원전 11세기~기원전 10세기에 동남아시아 교역을 담당했다는 역사적 사건도 학술적으로 증명됐다(다만 동남아시아 교역이 지속적이었는지는 별개의 문제로 다루어져야 한다). 페니키아인의 해상 네트워크는 대항해시대 유럽인과 그다지 다르지 않을 정도로 넓었다. 로마 제국이 동남아시아의 여러 나라와 거래했다고는 알려져 있으나 사실은 페니키아인의 항로를 답습한 것에 불과했다.

페니키아인은 다양한 지역과 거래했다. 페니키아인만큼 광대한 거래망을 가진 민족은 당시 유럽에는 없었기 때문에, 지중해의 위신재(威信財, 개인의 권위와 권력을 나타내는 상품)는 대부분 페니키아인이 수송했다. 페니키아인은 지중해 물류를 지배하면서 대두했다. 그들은 기원전 11세기부터 지중해 물류를 거의 장악했다. 지중해 물류는 페니키아인 아래 하나가 되었다. 페니키아인이 개척한 항로는 이후 로마인, 이슬람 상인, 이탈리아 상인, 네덜란드 상인, 영국 상인들이 사용하였다.

교역도시 티레의 성장

페니키아인이 세운 도시국가 중 시돈과 티레가 가장 유명하다. 티레는 이스라엘 왕국과 우호관계를 맺었다. 특히 솔로몬^{재위: 기원전}

시대에 둘의 관계는 크게 발전했다. 티레가 대두하던 때에 일어난 중요한 사건으로 유대인의 신전 건축이 있다. 신전 건축에는 양질의 목재가 다수 필요했는데, 페니키아인들이 레바논 삼나무를 제공했다. 솔로몬왕은 보답으로 많은 양의 밀과 양질의 올리브유를 티레에 보냈다. 한편 솔로몬은 약 20년에 걸쳐 신전을 완성했다. 그동안 티레는 풍부한 노동력을 제공했다. 목재의 벌채와 수송을 비롯해 내부 비품과 가장집물의 생산에 이르기까지, 유대인 신전 건축에 티레의 '노하우'가 활용됐다.

티레와 이스라엘 왕국은 공동사업을 더욱 확장했다. 솔로몬은 대형선박을 건조해 홍해 교역에 도전했다. 티레는 이스라엘과의 우호 관계를 활용해 홍해까지 교역로를 확장할 수 있었다. 티레는 여러 도시와 거래하며 세계의 상품들을 끌어모으는 교역도시로 발돋움했다. 티레는 메소포타미아 북부에서 아라비아반도, 소아시아, 나아가 에게해에 이르는 지중해 서쪽 지역까지 교역로를 넓혔다. 이러한 교역 네트워크가 티레에 의해 이미 기원전 800년에 확립된 것이다. 티레는 이 광대한 상업권에서 가장 중요한 중계무역의 거점으로 발돋움했다.

그리스인이 동방에 식민도시를 건설하는 동안, 티레 시민을 포함한 페니키아인은 지중해 서쪽에 식민도시를 건설했다. 본래 살던 레바논 지역에서 상당히 떨어진 곳에 식민도시를 건설한 것이다. 이는 티레가 오리엔트 문명의 영역을 벗어나는 과정이고, 이를 통해 페니키아인이 뛰어난 항해 기술을 갖춘 걸출한 항해사라는 사실을 알 수 있다. 이후 티레는 아시리아 제국에 정복됐다가 중흥하여 지중해 교역으로 번영했다. 그러다가 기원전 6세기 전반, 신바빌로니아 제국의 네부카드네자르(느부갓네살) 2세*에게 13년간이나 포위를 당하는 곤경을 겪었다. 이 사건은 티레의 발전에 커다란 악재였다.

신바빌로니아 제국과는 대조적으로, 페르시아 제국은 페니키아인의 교역 활동을 보호했다. 덕분에 티레는 페르시아 제국과 손잡고 세력을 넓히며 다시 물류 거점으로 번영했다. 많은 상품이 티레를 경유하는 페니키아인의 배에 실려 이동했다. 페니키아의 해운업이 크게 발전하면서, 페니키아인은 그리스인과 지중해 상업 활동의 패권을 다투었다.

상업국가 카르타고의 발전

카르타고는 티레에 거주한 페니키아인이 세운 식민도시 가운데 가장 중요한 곳이었다. 카르타고는 기원전 820~기원전 814년 무렵에 건국했다고 추정된다. 카르타고의 위치는 현재 튀니지의 수도 '튀니스'에 인접한 곳이다. 다른 페니키아인의 도시처럼 수심이 비교적 얕고 닻을 내리기 쉬워서 배가 항구에 정박하기 편리한 지역

---

* 신바빌로니아 제국의 제2대 왕으로, 신바빌로니아의 전성기를 이끌었다. 수도 바빌론에 마르두크 지구라트, 공중정원 등 여러 건축물을 세운 왕으로 유명하며 《구약성서》의 〈다니엘서〉에서는 유다 왕국을 정복한 왕으로 기록되었다.

이다.

지중해를 동서로 구분하자면, 카르타고는 거의 중앙부에 자리했다. 특히 시칠리아섬이 가까워, 북아프리카에서 이탈리아에 이르는 지중해 남북로를 장악하는 것이 가능했다. 지리적으로 지중해 교역망 중앙에 있던 카르타고는 지중해 교역의 중심지로 부상할 수 있었다. 서지중해에서는 이미 기원전 6세기에 카르타고가 교역의 중심에 있었다. 이는 페니키아인들이 지속적으로 지중해 상업을 확대했음을 의미한다.

카르타고가 모국 격인 티레의 역할을 대체한 이유는, 아시리아 제국과 신바빌로니아 제국이 대두하며 티레의 상업 활동이 쇠퇴했기 때문이다. 카르타고 중심의 네트워크가 크게 형성되면서 카르타고는 모국의 교역망과는 구별되는, 독립적인 교역망을 구축했다. 기원전 4세기에 시돈과 티레가 마케도니아의 알렉산드로스 대왕에게 정복될 때, 많은 페니키아인이 카르타고로 이주했다. 이 사건은 카르타고가 상업국가로 번영하는 데에 큰 영향을 미쳤다. 이 무렵 카르타고의 상업선은 지브롤터*를 지나 오늘날 영국인의 그레이트 브리튼섬까지 진출해 주석을 거래하였다. 페니키아인의 화물선이 유럽 북쪽의 북해까지 도달한 것이다.

지중해 동쪽에서는, 그리스 도시국가들과 아케메네스 제국의 페르시아 전쟁_{기원전 499~기원전 449년}이 벌어진 후, '아테네 왕국'이라 불릴

---

* 오늘날 이베리아반도 남부에 있는 지역이다.

만큼 최강국으로 발돋움한 아테네가 수많은 도시국가(폴리스)를 복속했다. 한편 동시대의 지중해 서쪽에서는 카르타고 세력이 크게 성장했다. 카르타고는 페니키아인이 건립한 식민도시들과는 달리 군사적인 면모도 강했다. 이것이 카르타고의 성장에 큰 영향을 미쳤다. 군사적인 지배라는 면에서 카르타고는 훗날의 로마 제국과 흡사했다. 카르타고가 먼저 발전했음을 고려한다면, 로마가 카르타고를 모방한 것이라 볼 수도 있다.

카르타고는 오늘날 이탈리아에 있는 시칠리아섬, 사르데냐섬, 코르시카섬 등을 확보했다. 이로 인해 그리스인 식민지인 마살리아(오늘날 프랑스 남쪽에 있는 도시 마르세유) 등과 대립하게 되었다. 그러나 그리스인 세력이 쇠퇴하면서 큰 싸움은 일어나지 않았다.

카르타고는 계속해서 히스파니아(현 이베리아반도)에 카르타헤나, 알메리아, 발렌시아, 바르셀로나 등의 식민도시를 건설했다. 카르타고가 시칠리아섬 서반부를 지배하게 되면서 동쪽의 그리스인 식민도시 시라쿠사와의 대립이 격화했다. 마침내 시라쿠사가 로마에 원군을 요청하자, 이를 시칠리아 진출의 호기라고 판단한 로마는 카르타고와의 정면 대결에 나섰다. 로마와 카르타고의 전쟁, 포에니전쟁이 시작된 것이다.

포에니 전쟁

강력한 군사력을 가진 카르타고와 로마의 대결은 필연적이었다.

둘 사이에 포에니 전쟁기원전 264~기원전 146년이 벌어진 건 하등 이상한 일이 아니었다. 포에니 전쟁은 지중해에서 새롭게 대두한 신흥세력 로마가 페니키아인을 격파한 전쟁으로, 이 전쟁의 승패는 곧 지중해 패권의 교체를 의미했다.

포에니 전쟁은 세 차례에 걸쳐 벌어졌다. 제2차 포에니 전쟁에서 승리한 로마는 거액의 배상금을 카르타고에 요구했다. 상업으로 막대한 이익을 축적하고 있던 카르타고는 이 배상금을 어렵지 않게 내놓았다. 역설적이게도 로마는 이를 계기로 카르타고를 더욱 경계하였다.

기원전 149년, 제3차 포에니 전쟁은 로마가 카르타고를 완전히 정복하기 위해 일으킨 전쟁이었다. 이 전쟁은 기원전 146년, 로마가 카르타고를 파괴하고 멸망시키는 것으로 끝났다. 이때 카르타고 성은 17일간이나 계속 불탔고, 카르타고의 총인구 약 50만 명 중 약 5만 5000명이 살아남았으나 그들 대부분이 노예로 팔려나갔다고 전해진다. 결국 카르타고의 영토는 로마의 속주로 편입됐다.

제국의 초석이 된 카르타고

로마는 아프리카 북부의 자국령에서 다수의 노예를 이탈리아로 끌고 왔다. 부족한 식료품은 히스파니아와 아프리카의 속주, 특히 이집트에서 가져왔다. 로마 제국의 경제구조를 단순하게 말하자면 북아프리카를 수탈해 이탈리아를 번영시키는 방식이었다. 이는 북

지도4 제2차 포에니 전쟁

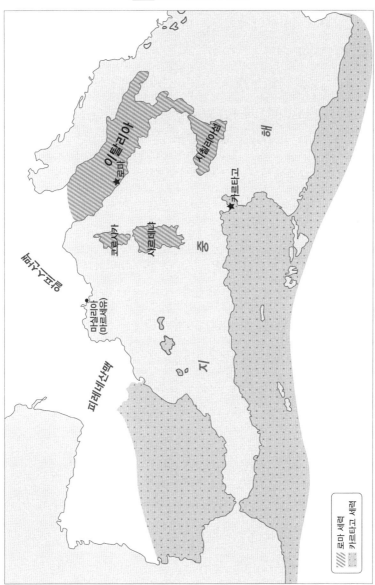

로마와 카르타고의 포에니 전쟁 중 가장 유명한 것이 제2차 포에니 전쟁(Secundum Bellum Punicum)이다. 이 전쟁에서 카르타고의 장군 '한니발'은 알프스산맥을 넘어 이탈리아반도를 공격했으나 끝내 로마가 전쟁에서 승리했다. 이 전쟁으로 로마는 지중해 서부의 패권을 장악하며 지중해를 로마의 바다로 확보했다.

아프리카 속주의 인력과 곡물을 로마로 가져오는 것이 제국을 유지하기 위한 불가결한 조치였다는 의미다. 이를 위한 수단이 바로 지중해 교역이었다.

로마 제국은 이름 그대로 '제국'이었다. 제국은 본국과 식민지로 나뉜다. 어떤 시대든 제국이 되면 본국으로 향하는 이민이 필연적으로 확대된다. 이러한 현상은 과거 제국주의 국가의 지배를 받았던 나라들, 그중에서도 영국의 식민지였던 나라들에서 확인할 수 있다. 식민지인들은 더 높은 임금과 풍요로운 생활을 찾아 본국으로 이동한다. 또는 더 높은 문명을 동경해 본국으로 건너간다. '제국화'와 '이민'은 동전의 양면 같은 관계다. 로마는 영토를 확장하면 할수록 다양한 사람들로 구성된 제국이 될 수밖에 없었다. 해상로를 본다면, 이민자들은 페니키아인이 구축한 경로를 따라 이주했다. 물론 곡물 수입 경로 역시 원래는 페니키아인이나 카르타고인이 개척한 것이었다. 본래 육상국가였던 로마가 지중해를 내해로 삼은 해상국가가 될 수 있었던 것도, 페니키아인이 지중해 수송로를 먼저 구축해 놓았기에 가능한 일이었다.

원래 로마의 시민권은 로마에 거주하는 자유민에게만 주어졌다. 그런데 기원후 212년 카라칼라(안토니누스, 제21대 로마 황제)가 제국 내의 모든 자유민에게 시민권을 부여하는 '안토니누스 칙령'을 공포했다. 속주를 포함해 모든 자유민은, 라틴인이 아니더라도, 시민권을 얻게 된 것이다. 이는 로마가 현실적으로든 이념적으로든 더는 도시국가로 머무를 수 없다는 것을 의미했다. 카라칼라 황제가 시민권을 제국의 전 자유인에게 부여한 것은 제국 내의 모든 자유인을 로마 제국의 '신민'으로 지배하기 위해서였다. 동등한 시민권은 로마의 신 앞에서 모두가 평등한 신민이 되는 것을 의미하며, 카라칼라 황제는 이것이 제국의 모든 사람이 황제의 권위에 복종하는 길이라 판단했다.

한편, 로마사에서 차츰 등장하는 말로 '빵과 서커스'라는 표현이 있다. 먹거리와 볼거리를 제공하여 시민들의 정치적 관심을 차단한다는 의미로 쓰인다. 로마 시민은 일하지 않고도 살아갈 수 있는 데다가 오락거리까지 즐겼다. 식료품이 무상으로 공급될 수 있었던 이유는 로마가 광대한 속주에서 곡물을 가져올 수 있었기 때문이다. 곡물은 이집트와 히스파니아에서 가져왔다.

페니키아가 없었다면 로마도 없었다

유럽 문명은 원래 오리엔트 문명의 파생물이었다. 단지 유럽인이 잊고 있을 뿐이다. 많은 유럽인은, 유럽이 처음부터 독자적인 문명으로 발전했다고 생각한다. 그런 착각은 "오리엔트 문명에서는 전제정치가 발전했으나 그리스 문명에서는 민주정치가 태어났다."라는 전제에 기반을 두었다. 현재는 이 전제 자체가 틀렸다는 사실을 많은 사람이 알고 있다.

고대 그리스에도 오리엔트 문명 출신의 이민자가 많이 살았다.

페니키아인의 본래 거주지가 레바논이었음을 생각하면, 그리스 문명이 오리엔트 문명의 특징을 많이 흡수했다고 보는 편이 타당하다. 페니키아인이 지중해 교역의 지배자가 되고 나서야 유럽은 오리엔트 문명의 영향력에서 벗어난다. 페니키아인과 카르타고인이 유럽 문명의 형성에 상당한 역할을 담당했음을 짐작할 수 있다.

그리스인의 식민도시가 주로 동지중해에 있었고 페니키아인의 식민도시는 서지중해에 있었다. 이러한 사실은, 페니키아인의 항해 범위가 더 넓었음을 의미한다. 즉 페니키아인의 항해술과 그들의 교역망이 그리스인보다 월등했다는 뜻이다. 이에 비해 로마는 이탈리아의 작은 도시국가로 시작했다. 로마는 원래 육상국가다. 로마는 페니키아인이 구축한 항해로를 거의 그대로 사용했다. 지중해가 로마의 내해가 되고 아프리카 속주에서 곡물을 수입할 수 있었던 이유는, 페니키아인이 앞서 설계한 항해로가 있었기 때문이다. 페니키아인이 없었다면 로마도 없었다. 포에니 전쟁 이후 로마 영토는 크게 넓어졌다. 카르타고가 상업적으로 지배한 지중해를 이후 로마가 정치적으로 지배하게 되었다.

기원후 1세기, 로마의 최대 세입원은 인도양 무역이었다. 그것을 앞서 개척한 사람들도 대체로 페니키아인이었다. 특히 대량 이민을 가능케 한 교통망 형성에도 페니키아인이 크게 기여했다. 요컨대, 페니키아인이 구축한 교역로를 잘 받아들여서 고대 로마라는 강대한 제국이 탄생한 것이다. 그러나 로마 사람들은 그것을 망각하거나 무시했다. 우리는 아주 긴 시간에 걸쳐, 로마인 혹은 유럽인의 사고방식에 젖어 페니키아인의 역할과 노력을 과소평가했다. 우리는 유럽으로 국한할 수 없는, 고대사 최대의 중간상인이었던 페니키아인이 세계사에 남긴 공헌을 더욱 진지하게 평가해야 한다.

3장

파르티아

중계무역으로 번성한 로마의 경쟁자

파르티아는 기원전 5세기부터 기원후 3세기에 이란고원을 지배한 이란계 민족의 나라다. 파르티아는 로마의 앞길을 가로막은 커다란 장벽이었다. 파르티아는 실크로드 교역에 종사한 상업국가다. 실크로드를 이용해 고대 로마와 중국을 연결한 중간상인이 파르티아인이었다. 요컨대 동서 문명의 거간꾼이었다. 로마 입장에서, 중국(한)의 비단을 손에 넣으려고 한다면 파르티아라는 중간상인은 반드시 제거해야 할 적이었다. 로마는 파르티아의 중계무역을 건너뛰고 중국과 직거래를 하고 싶었으나 성공할 수 없었다. 파르티아를 통하지 않고 육상으로 로마에서 중국으로 가는 건 당시에는 불가능했다. 중국 비단을 원한다면 로마인에게도 중간상인으로서의 파르티아인이 필요했다. 로마와 파르티아는 이처럼 마냥 대립한 관계는 아니었다.

실크로드는 무엇인가

'실크로드'란 단어는 1870년대에 독일 지리학자 페르디난트 폰 리히트호펜Ferdinand Freiherr von Richthofen이 처음 사용했다. 이 말은 20세기 들어 중앙아시아 연구자인 아우렐 스타인Aurel Stein과 스벤 헤딘Sven Anders Hedin을 통해 점차 일반화되었다.

실크로드에는 오아시스의 길(톈산남로, 톈산북로), 유라시아대륙의 초원(스텝)을 중심으로 한 초원의 길(스텝로드), 나아가 아라비아해－인도양－남중국해－동중국해를 연결한 바다의 길(해상교통로)이 있었다. 육상 실크로드를 이용한 교역이 활발했던 시기는 기원후 7~8세기까지이다. 이후 8~9세기부터는 이슬람 상인과 중국 상인의 바닷길이 주류를 이뤘다. 15세기 초 명나라 출신 환관이자 이슬람교도였던 정화鄭和가 영락제의 명으로 일곱 차례 항해했을 때 바닷길이 번영했다. 다만 이를 실크로드의 발전으로 봐야 할지, 이슬람교 환관의 활동으로 국한해야 할지는 판단하기 어렵다.

동서남북의 네트워크

'실크'라는 말에서 연상되듯이 실크로드의 대표적인 교역 상품은 중국 비단이었다. 반대로 지중해 세계의 수출품은 황금, 포도주, 유리 제품 등이었다. 그런데 한나라 무제 시대재위: 기원전 141~기원전 87년의 중국에서도 금이 바깥으로 흘러나왔다. 실크로드가 유라시아의 동과 서를 연결하는 길이라고 한다면, 동서 교역품은 서로 다른 것이어야 한다. 그런데 로마나 중국이나 똑같이 황금이 흘러나왔다는 사실은 기묘하다. 무슨 까닭이었을까? 여기에 실크로드를 이해하기 위한 중요한 열쇠가 숨겨져 있다.

우리는 실크로드를 동서의 길로만 알고 있지만 실상 남북의 길도 존재했다. 즉 실크로드가 중국과 지중해만 연결한 교역로가 아니라는 뜻이다. 요컨대 중앙아시아 내부의 자체 교역도 적지 않았다는 것이다. 규모가 어느 정도였는지는 간단히 말할 수 없다. 다만 실크로드가 동서남북으로 이어진 넓은 네트워크였다는 사실만큼은 확실하다.

육상 실크로드는 약 6400km의 대단히 긴 교역로이다. 남북 범위는 북위 30도에서 45도에 걸친다. 건조지대에는 오아시스 도시가 곳곳에 있다. 그 오아시스 도시들 사이를 낙타 대상이 오갔다. 실크로드는 중간상인이 많이 존재할 수밖에 없는 지역이다. 실크로드를 따라 유목민의 국가가 생겨나고 사라진 건 우연이 아니다. 유목민이란 이동하는 사람들이다. 유목민처럼 상단을 조직해 이동하는 상인들이 생겨나는 것도 결코 이상한 일이 아니다. 아마도 동서 양쪽의 황금은, 이들 상인에게 지급해야 하는 수수료거나 중앙유라시아의 상품을 구하기 위한 결제 수단이었을 것이다.

실크로드를 따라 조로아스터교, 마니교, 경교景敎, 불교 등의 종교가 전파됐다. 유라시아대륙을 지나 일본에까지 문물이 전해졌다. 그렇다면 모리야스 다카오森安孝夫의 견해처럼, 실크로드는 단순한 중계무역의 기능만 한 것이 아니다. 그 과정에서 새로운 무언가를 생산하는 측면이 있었을 가능성이 있다. 종교는 상인의 이동에 실려, 또는 그것을 이용해 전파되었다고 생각해야 할 것이다.

중국사의 관점에서 보면, 실크로드는 한무제 연간에 처음 열렸다. 중국 전역 대부분을 통일한 한무제는 중국 남부와 한반도 일부에 군현제를 확대했다. 유목민족 흉노와는 대립했다. 한무제는 기원전 139년 장건張騫을 서쪽의 대월지국大月氏國에 외교사절로 파견하여 흉노를 협공하기 위한 동맹을 체결하고자 했다. 장건은 10여 년후에 겨우 귀국했는데, 여기서 주목할 점은 장건이 완전히 미지의 땅을 오간 것은 아니라는 사실이다. (구체적으로는 알 수 없었다 해도) 어느 정도는 중간상인이 이미 개척해 둔 교역로를 이용해 대월지국으로 찾아갔다고 해석하는 편이 타당하다. 실크로드에 사는 거주민전원을 중간상인으로 취급할 순 있겠지만 여기서는 논의 대상을 압축할 필요가 있다. 본문에서 다루려는 파르티아 중간상인들은 실크로드에서 어떤 역할을 담당했을까?

파르티아의 기원과 성장

파르티아라는 나라는 동아시아인에게는 생소한 나라다. 이 나라의 역사를 설명하려면 알렉산드로스 대왕재위: 기원전 336~기원전 323년의 마케도니아 제국으로 이야기를 시작해야 한다. 마케도니아의 왕이 된 알렉산드로스 대왕은, '동방원정'이라고 불리는 전쟁을 통해 페르시아 제국을 멸망시키고 동서 문화가 융합된 헬레니즘 시대를 이

지도5 왕의 길

범례:
- 아케메네스 왕도 페르시아의 최대 영역
- 국도(왕의 길)

흑 해

아시리아의 수도

카스피해

사르디스

니네베

지 중 해

바빌론

수사

아케메네스 왕조 페르시아

카이로

페르세폴리스

페르시아의 수도

페르시아 만

이집트

페르시아 왕도, 일명 '왕의 길'은 기원전 5세기경에 페르시아의 왕 '다리우스 1세'가 건설한 도로였다. 당시 왕에게 소식을 알리는 전령은 약 2700km에 육박한 이 도로를 7일 안에 주파할 수 있었다. 지도에서 '사르디스'는 과거 리디아 왕국의 수도였다.

끈 인물로 평가된다. 그런데 알렉산드로스 대왕의 원정은 페르시아 제국이 일찍이 구축했던 도로가 있었기에 가능했다. 그중에서 가장 유명한 도로가 수도 '수사'에서 소아시아의 '사르디스Sardis'에 이르는 약 2700km에 걸친 왕의 길이었다. 알렉산드로스 대왕은 페르시아 제국이 닦아놓은 길을 타고 대군을 이동시켜 기원전 330년 페르시아 제국을 정복했다. 이후 인더스강까지 진출하면서도 대체로 페르시아 제국이 개척한 경로를 이동했다.

인더스강까지 도달한 마케도니아군은 왜 더는 동쪽으로 행군하지 않았을까? 인더스강 유역까지는 하나의 통상권(교역권)이었고, 그 너머는 아직 교역이 개시되지 않았기 때문일 테다. 따라서 알렉산드로스 대왕의 원정이 동서 문화가 융합된 헬레니즘 문명을 낳았다는 견해가 최근에는 부정되고 있다. 다만 많은 그리스인이 이 원정을 따라 동방으로 이주했다는 사실만큼은 확실하다. 이로 인해 중앙유라시아에는 다수의 문명과 문화가 혼재하는, 특유의 풍토가 조성됐다.

알렉산드로스 대왕이 죽은 뒤 후계자들 사이의 내분, 디아도코이 전쟁기원전 323~기원전 281년이 일어났다. 이 전쟁으로 제국은 안티고노스 왕조의 마케도니아, 셀레우코스 왕조의 시리아, 프톨레마이오스 왕조의 이집트로 나뉘었다. 이 시대의 파르티아는 셀레우코스 왕조에 복속한 일개 부족이었다.

기원전 238년, 족장 아르사케스가 아르사케스 왕조(파르티아)를

지도6 알렉산드로스 대왕 사후의 헬레니즘 세계

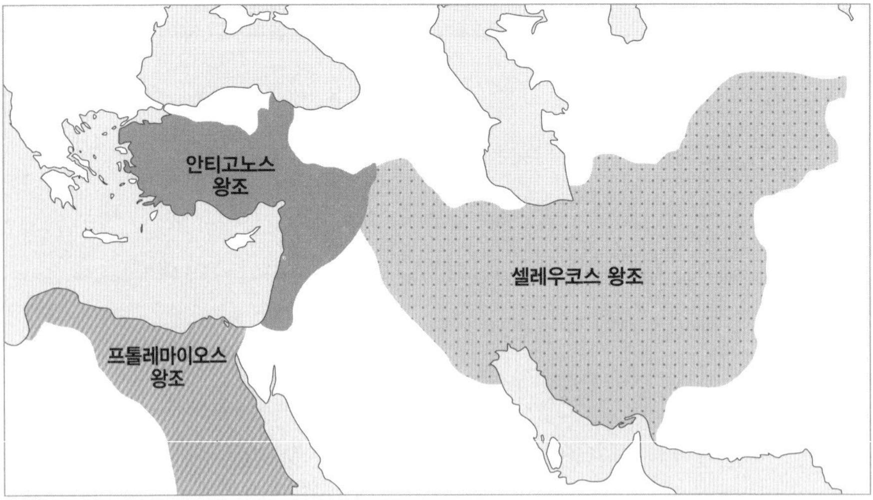

마케도니아의 알렉산드로스 대왕이 사망하자 그의 후계자(디아도코이)들이 여러 지역에서 자신만의 세력을 구축하고 대결했다. 40년에 걸쳐 진행된 디아도코이 전쟁의 결과로, 시리아 지역을 중심으로 발흥한 셀레우코스 왕조가 일시적으로 패권을 장악했다.

개창했다. 아르사케스 왕조의 최전성기는 미트라다테스 1세재위: 기원전 171~기원전 138년 때였다. 이 무렵 파르티아는 시리아와 이라크 방면으로 진출해 영토를 확장했다. 미트라다테스 1세 이후, 파르티아의 여러 왕은 그리스인에게 화폐 주조를 맡겼다. 금속 화폐에는 '아후라 마즈다'나 '미트라' 등 (과거 페르시아 제국에서 신앙하던) 조로아스터교의 신들이 그리스 신화 속 신들의 모습처럼 새겨졌다. 즉 페르시아 제국의 조로아스터교가 파르티아의 중심 종교였다.

미트라다테스 1세와 같은 이름의 미트라다테스 2세는, 아르메니아 지역을 놓고 로마와 대립했다. 기원전 62년, 그는 로마의 술라*와 협상을 벌여 유프라테스강을 두 나라의 경계로 정했다. 기원전 53년에는 파르티아군이 로마 장군 크라수스**를 죽이고 로마군 휘장을 빼앗았다. 이 군 휘장은 기원전 20년에 이르러서야 로마 제국 첫 번째 황제인 아우구스투스(옥타비아누스)에게 반환되었다.

기원후 114~117년에는 로마 황제 트라야누스의 동방 원정군에게 수도 크테시폰이 점령당했다. 이후 파르티아는 2세기 중반(로마 5현제 마지막 황제인 마르쿠스 아우렐리우스 안토니우스 시대)에 아르메니아 지역의 지배권을 놓고 로마와 싸웠으나 패배했다. 로마 제국과의 전쟁에서 패배하여 피폐해진 파르티아는, 226년 사산 왕조 페르시아에 멸망됐다. 이상이 정치사에서 본 파르티아의 대략적인 역

---

* 루키우스 코르넬리우스 술라(Lucius Cornelius Sulla)는 기원전 138~기원전 78년에 활동한 로마 시대의 정치가, 장군이었다.

** 마르쿠스 리키니우스 크라수스(Marcus Licinius Crassus)는 로마 공화정 말기의 정치가이자 장군으로, 폼페이우스 및 카이사르와 삼두정치를 하였다.

사다. 이제부터는 페르시아 제국, 알렉산드로스 대왕이 파르티아가 건국되는 과정에 어떤 영향을 끼쳤는지를 살필 것이다.

중앙유라시아와 실크로드 상인들

먼저 모리야스 다카오의 주장을 소개한다. 그의 의견에 따르면, 실크로드는 중앙유라시아를 통과하는 경로다. 중앙유라시아는 북쪽에서부터 초원지대, 사막지대, 반半초원-반사막지대의 삼중 구조로 구성되었다. 반초원-반사막지대의 경우, 고도가 높은 곳에는 초원이 없고 그보다 고도가 낮은 곳에는 민둥산이 있다. 한편 거대한 산맥들이 물 탱크 구실을 하여 유목민의 요람이 되었다. 요컨대 중앙유라시아란 지형마다 기후가 상당히 다양한 지역이다.

중앙유라시아는 초원과 사막이 많은 건조지역이다. 실크로드는 본래 사람들이 다니면서 자연스럽게 만들어진 길이었다. 그 길 위에서 유목민이 탄생했다. 그 길을 오고 갈 토종말은 중앙유라시아에서만 기를 수 있다. 한편 내몽골 초원지대 남쪽에는 반농半農-반유목 지대가 있는데, 이에 따라 중국 한漢족의 문화도 유목민과 농경민의 결합으로 탄생하고 발전했다.

실크로드는 비단, 금·은그릇, 유리, 향료, 약품, 모피를 비롯한 다양한 상품이 복잡한 경로로 유통됐다. 상품은 일반적으로 중계로 교역됐다. 따라서 상인은 1~3개의 나들목 구간만 이동하면 되었다. 그중에는 몇 개 이상의 나들목을 지나는, 중·장거리를 이동하는 상인도 있었다. 하나의 상인이 단거리와 중·장거리 거래를 겸하기도 했다. 실크로드의 상품은 기본적으로 사치품이었다. 여기까지가 모리야스 다카오가 주장한 가설의 요지다.

현대인은 보통 실크로드를 중국과 지중해를 연결하는 경로로 이해한다. 이런 발상이 무조건 틀린 건 아니다. 장거리를 이동하는 상인이 있었고, 그들이 때때로 단거리 이동만 했던 것도 사실일 테다. 실크로드에서 거래된 상품은 다양했다. 그중 비단이 가장 중요한 상품이었던 것만은 분명하다. 중국 비단의 수입처는 지중해 세계였다. 따라서 지중해 세계의 수요견인이야말로 실크로드 발전의 (최대라고까지는 말할 수 없어도) 핵심 요인이었다.

지중해 세계에서 비단 또는 아시아 상품의 수요가 증가하면 그만큼 실크로드의 활기도 증가한다. 지중해 세계에서 비단 수요가 높고, 동시에 중국과 중앙아시아가 평화로운 기간이 실크로드 교역이 증가하는 시기라고 보아도 좋다. 실크로드의 대두는 중앙아시아의 중요성이 그만큼 증대했다는 사실을 의미한다. 그러나 한 명의 상인이, 이 정도의 장거리를, 게다가 다양한 기후와 지역을 뚫어야 하는 멀고 험한 길을, 함부로 다녔을 것이라 간주하기는 어렵다. 몇 무리의 대상이 머나먼 길을 연결했다고 보는 편이 훨씬 합리적이다. 그랬기에 중간지점으로써 '오아시스 도시'가 발전했을 것이다. 그렇다면 로마의 비단 수요는 왜 증가했던 것일까?

아우구스투스에 의한 평화와 경제성장

로마 공화정 말기인 기원전 60~기원전 49년, 카이사르, 폼페이우스, 크라수스 세 사람은 다툼을 멈추고 '제1차 삼두정치'를 시작했다. 그들은 서로 협력하여 원로원 세력에 맞서려 했다. 그렇지만 카이사르의 힘이 강력해지면서 제1차 삼두정치는 와해하고 로마는 내란상태에 빠졌다. 이를 수습한 카이사르가 종신독재관에 취임했다. 카이사르의 권력이 나날이 강해지는 데에 두려움을 느낀 사람들은 암살단을 조직한다.

기원전 44년, 암살단은 카이사르를 암살한다. 그러나 원로원에는 로마를 이끌 힘이 없었다. 기원전 43년, 안토니우스, 옥타비아누스, 레피두스가 공동으로 반反원로원 형태의 공동 통치에 나섰다. 레피두스가 기원전 36년에 실각하면서 안토니우스와 옥타비아누스가 대립했다. 그러다 기원전 31년, 옥타비아누스는 클레오파트라와 연합한 안토니우스를 악티움 해전에서 격파했다. 기원전 30년에는 옥타비아누스가 알렉산드리아를 정복해 이집트를 멸망시키며 지중해 패권을 장악했다. 기원전 27년, 옥타비아누스는 '아우구스투스(존엄한 자)'라는 칭호와 함께 실질적으로 황제재위: 기원전 27~기원후 14년에 즉위했다. 이후 로마는 공화정에서 제정으로 바뀌었다.

아우구스투스에 의해 로마는 평화를 맞이했다. 이때 로마 경제는 빠르게 성장했다. 이집트를 속주로 삼아 중요한 곡창지대를 확보했다. 지중해는 로마의 내해가 되었고, 이베리아반도에서 시칠리아에 이르는 섬들이 로마에 편입됐다. 속주가 로마 본토에 봉사하는 시스템이 완성됐다. 어쩌면 아우구스투스는 역사의 최종적인 결과까지는 예상하지 못했을지 모른다. 그러나 동방 교역이 창출할 이익까지 몰랐을 리는 없다. 동방에서 온 상품, 그중에서도 비단에 관세를 매기면 세입이 크게 증가할 것이라는 사실을 잘 알고 있었을 테다. 비단은, 적어도 상류층에서는 이전부터 잘 알려진 '인기 상품'이었다. 아우구스투스 시대에 중국 비단과 그것이 유입된 경로는 그다지 새롭지 않았다

기원전 1세기, 그리스 출신의 로마 지리학자 카라케누스의 이시도루스Isidorus Characenus는 아우구스투스에게 고용된 감찰관이었다. 상인은 아니었으나 파르티아를 여행할 수 있는 신분이었다. 이시도루스가 파르티아를 여행한 정확한 시기는 알 수 없지만 아우구스투스가 통치했던 시대였다는 사실만큼은 분명하다. 훗날《파르티아 도정기The Parthian Station》를 저술한 이시도루스는, 파르티아에 관련된 귀중한 기록을 남겼다. 비록 단편적인 전문傳聞 기술이 많다고 해도, 동서 교역의 요충이었던 '메르브'*라는 도시에 관한 기록을 남겼다.

중간상인으로서의 파르티아인

중국의 후한 정부는 파르티아에 조공을 요구하지 않았다. 조공

---

* 톈산산맥의 서쪽에서, 실크로드의 남쪽길과 북쪽길이 교차하는 오아시스 도시다. 오늘날 투르크메니스탄에 있다.

을 요구하기엔 지나치게 강력한 데다 지리적으로 멀리 떨어져 있었다. 한나라 입장에서는 파르티아와 대립하기보다는 로마와의 거래에 유용한 중간상인으로 삼는 편이 실리적이었다. 파르티아인도 이를 잘 알고 있었다. 후한 시대에 서역을 무대로 활동한 장수 반초班超의 부하, 감영甘英은 97년에 로마(대진국大秦國)에 파견됐다. 감영은 시리아 또는 지중해까지 찾아갔을 것으로 추정되지만 로마에는 도착하지 못했다. 파르티아 관리나 상인으로부터 "로마 황제는 만날 수 없다."라고 설득당해 포기한 것이 아닌가 여겨진다. 아마도 "로마에 도착하려면 몇 개월, 아니 몇 년도 더 걸릴 것"이라는 조언을 듣고 되돌아갔다는 이야기가 사실에 가까울 것이다.

그래도 감영은 로마에 관한 정보를 추가로 입수했다. 그는 파르티아인들이 로마와의 거래에서 중간상인으로 큰 이익을 챙기고 있다는 사실을 분명히 파악했을 것이다. 사실, 로마 황제도 후한에 사자를 보내 직거래를 하려고 했으나 파르티아의 방해로 실패했다. 파르티아인으로서는 막대한 이익이 걸린 교역을 순순히 로마에 건네줄 수 없었다. 파르티아인은 자신이 발휘할 수 있는 모든 수단을 동원해 로마와 후한의 직거래를 막았다. 뒤집어 말하면, 1세기 무렵의 파르티아는 그만큼 강력한 국가였다.

그런데《후한서》에는 166년, 대진왕 안돈安敦의 사자가 일남군(현재의 베트남 중부)에 와서 상아·소뿔犀角·대모玳瑁 등을 들고 입공했다는 기록이 적혀 있다. 이 '안돈'이 '마르쿠스 아우렐리우스 안토니우스'였다는 주장이 있으나 로마가 중국에 조공했다는 가설 따위는 그다지 신뢰할 수 없다. 그렇다고는 해도 로마 쪽이 파르티아를 피해 중국(후한)과 직접 교역을 할 의사가 있었고 이를 위해 나름의 노력을 했었다는 추측은 충분히 가능하다.

비단 무역을 독점한 파르티아

파르티아는 탄생부터 멸망까지 유라시아대륙에서 강국으로 활약했다. 그 현실적 기반 중 하나가 실크로드 중계무역이다. 파르티아는 로마와 겨룰 만큼 강력했지만, 로마와의 두 번째 전쟁에서 너무 큰 피해를 받아 국력의 태반을 상실했다. 하지만 중계무역으로 상당히 오래 번영했던 것도 사실이다. 중국의 한나라와 이렇다 할 분쟁 요소를 만들지 않으면서 안정적으로 비단을 거래했다. 셀레우코스 왕조의 시리아기원전 312~기원전 63년에 소속된 도시로, 무역 거점으로 번영했던 안티오키아Antiochia는 파르티아의 치세 아래서도 여전히 중요한 무역 거점으로 번성했다. 동방무역의 규모가 커지면 커질수록 안티오키아의 지위도 올라갔다.

파르티아 영역을 통과해 로마에 동양 상품이 도착했다. 그렇다고 로마와 파르티아의 사이가 좋았다는 건 아니다. 기원전 20년 아우구스투스와 파르티아 사이에 조약이 맺어지며 상업 확대를 위해 로마가 꼭 필요로 했던, 파르티아와의 관계 개선이 크게 진전됐다. 이후에도 로마와 파르티아와의 관계는 삐걱거리면서 굴러갔다. 전시를 제외하면 비단은 꾸준히 로마에 공급됐다. 파르티아인은 중간상

지도7 중계무역으로 번성한 파르티아의 교역로

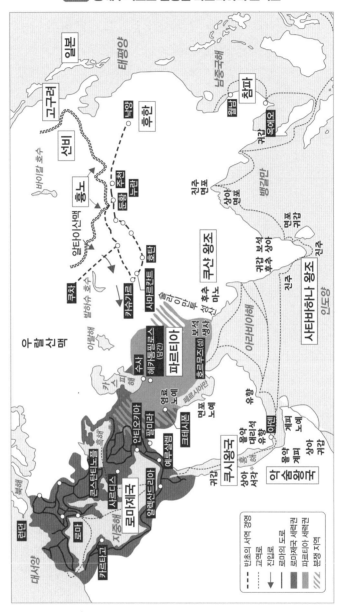

파르티아인은 중개상으로서 전 세계 교역에 활발히 참여했다. 지도에서 쿠시 왕국의 '서각'은
코뿔소의 뿔이다.

인으로서 자신들의 지위를 굳건히 지켰다. 중국 비단이 파르티아를 거치지 않고서는 로마에 들어갈 수 없었기에 가능한 일이었다.

기원후 1세기가 되자, 파르티아인은 중간상인으로의 역할을 더욱 강화했다. 파르티아의 상인과 관리 모두 비단만큼은 후한 상인과 직접 거래하기를 원했다. 명확한 수치로 나타낼 수는 없어도, 파르티아가 비단무역으로 얻은 수입은 막대했을 것이다. 파르티아는 자국을 통과하는 다른 상품에도 세금을 매겼지만 비단무역이 창출한 이익만큼 커다란 수익을 남긴 상품이 달리 없었기 때문이다. 따라서 파르티아인은 로마와 후한의 직거래를 결코 허용할 수 없었다.

중앙유라시아의 평화와 중계무역의 발전

3장에서는 실크로드의 역할과 동서 중계 지점으로서의 파르티아, 중간상인으로서 파르티아인의 중요성을 살펴봤다. 실크로드는 단순히 중국과 지중해를 연결하는 길로만 쓰인 게 아니다. 앞서 이야기한 대로 그 루트를 따라 몇몇 종교가 전파됐다. 이러한 종교 전파가 상인들의 길을 따라 진행됐다는 사실을 잊지 말아야 한다.

실크로드에는 동서만이 아니라 남북의 길도 있었다. 장거리, 중거리, 단거리 교역에 종사하는 상인들의 길이었다. 장거리 교역을 할 능력이 있는 상인이라면 중거리나 단거리 교역도 할 수 있었다.

하지만 모든 교역로를 한 사람의 상인이나 한 무리의 대상이 완수하는 일은 아마도 거의 없었을 것이다. 오아시스 도시에서 상품을 거래하는 횟수가 많으면 많을수록, 중간에 거치는 과정이 길어질수록 상품 가격은 올라간다. 이런 실크로드 교역에서는 중국에서 출발할 때의 비단 가격과 로마에 도착할 때의 비단 가격이 당연히 다르다. 압도적으로 후자가 비싸다. 여기에 파르티아를 비롯한 여러 집단이 매기는 통행세, 수수료, 로마 정부가 매긴 관세까지 합하면 로마인이 비단을 구입하는 데에 드는 비용은 대단히 비쌀 수밖에 없었다. 그런데도 로마인들은 비단을 사들였다. 속주를 수탈해 얻는 소득이 충분했기 때문이다. 파르티아가 중계무역을 발전시키고 파르티아인이 중간상인으로서 활약할 수 있었던 이유도 로마인의 이런 '구매력'이 있었기 때문이다.

그러나 동서 교역은 중앙유라시아의 평화가 전제되어야 가능한 일이다. 파르티아가 멸망한 3세기 초에는 그 전제조건이 무너졌다. 중국에서도 약 400년에 걸친 혼란*이 계속됐다. 실크로드에서 거래가 다시 활발해진 시기는 7세기, 중국에서 당나라가 성립된 이후부터다.

---

* 한나라 말기부터 수 · 당나라가 세워지기까지의 기간을 가리킨다.

4장

이슬람

중세를 지배한 황금의 종교

7세기에 무함마드(마호메트)가 이슬람교를 창시했다. 이슬람교는 순식간에 중동, 유럽, 아프리카로 퍼졌다. 이슬람교의 신도들은 넓은 땅을 정복한 동시에 국제무역의 상인으로 활약한다. 유럽에서 동남아시아에 이르는 상업망에서 이슬람교의 신도들이 활발히 활동하자 세계는 큰 변화를 맞이했다.

　7세기에 이슬람 세력이 유럽으로 진출하면서 유스티니아누스 1세재위: 527~565년가 6세기에 실현한 동로마 제국의 지중해 패권이 와해했다. 이슬람교도는 성전(聖戰, 지하드)을 벌여 많은 적국을 괴멸시켰다. 그러나 이교도 가운데 유대교인이나 그리스도교인은 관대하게 대접했다. 유대인과 그리스도인을 이른바 '계전啓典의 백성'이라 부르며, 이교도라 하여도 지즈야(인두세)를 납부하면 신앙, 생명, 재산을 보호했다. 이슬람교도는 이로써 유라시아의 해상과 육상의 상업을 장악해 세계 최대의 중간상인으로 부상한다.

이슬람의 등장

무함마드570~632년는 메카 쿠라이시족Quraysh의 한 분파 출신으로, 대상인大商人 가문인 하심가家에서 태어났다. 그는 40세를 넘은 무렵부터 신의 계시를 받았다며 포교를 시작했다. 이것이 이슬람교의 시작이었다. 무함마드의 가르침은 사람들에게 쉽게 수용되지 않았다. 그래서 무함마드는 622년 메카를 떠나 메디나로 이주했다. 이슬람교에서는 이 사건을 '헤지라'라고 부른다. 이슬람교가 정식으로 성립된 시기는 이때부터다. 632년 무함마드가 세상을 떠난 뒤에도 이슬람 세력은 눈에 띄게 성장을 거듭했다. 세계 역사상 7세기는 이슬람교의 세기였다고 해도 과언이 아닐 정도. 이렇게 빠른 속도로 신자가 증가한 종교는 세계적으로 유례가 없었다.

무함마드가 죽은 뒤 한동안 정통 칼리프* 시대632~661년가 이어졌다. 무함마드 후계자인 '칼리프'가 정식으로 선출되고 무함마드의 가르침이 엄격히 지켜진 시대였다. 이 시대에 이슬람교도는 계속된 성전으로 영토를 서아시아까지 넓혔다. 이 과정에서 시리아, 이집트, 이란 지역이 이슬람교에 정복됐다. 정통 칼리프 시대는 무함마드 시대와 달리 부족 단위의 결집보다는 만인의 평등이 중시됐고, 이런 가르침은 사람들 사이에 널리 받아들여졌다. 이슬람교가 급속하게 발전한 이유는 바로 이러한 가르침 덕분이었다. 그러나 아랍인이 아니면 지즈야와 하라즈(토지세)를 납부해야 했다. 이때만 하더

---

* 정치와 종교의 권력을 아울러 갖는 이슬람 교단의 지배자를 이르는 말이다.

라도 이슬람교는 아랍인의 종교였다.

661년에 우마이야 왕조가 들어섰다. 정통 칼리프 시대의 칼리프는 일부 신자들의 선거로만 선출되었지만 우마이야 왕조부터는 칼리프 자리를 세습했다. 무아위야 1세가 칼리프가 된 이후 우마이야 가문이 칼리프를 세습하였다.

우마이야 왕조 시대에 칼리프 자리를 놓고 갈등이 벌어졌다. 우마이야 왕조의 정당성을 인정하는 '수니파'와 이를 부정하는 '시아파'가 대립했다. 이후 이슬람교는 다수파인 수니파, 페르시아(이란)를 중심으로 하는 소수파인 시아파로 나뉘었다. 우마이야 왕조는 서아시아를 중심으로 현재의 에스파냐, 지중해, 북아프리카, 서아시아, 나아가 중앙아시아에서 이란, 인더스강 유역에 이르는 광대한 영토를 확보한 대제국이 되었다.

우마이야 왕조에서는 비아랍인을 차별했기 때문에 이에 저항하는 반발이 생겨났다. 이를 이용해 아바스 가문이 우마이야 왕조를 타도하고 아바스 왕조750~1258년를 건국했다.

아바스 혁명과 바그다드의 번영

아바스 왕조에서 이슬람교는 한층 더 진화했다. 정통 칼리프 시대와 우마이야 왕조는 '아랍인의 이슬람 왕조'였지만, 아바스 왕조는 아랍인만의 특권을 부정했다. 비아랍인이 더는 지즈야를 내지 않도록 조치했다. 아바스 왕조는 아랍인의 왕조가 아니라, '이슬람

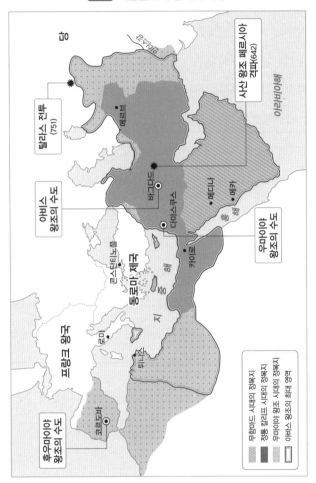

지도8 이슬람교의 창시와 확장

흑해

카스피해

탈라스 전투
(751)

바그다드

아바스
왕조의 수도

사산 왕조 페르시아
격파(642)

아라비아해

메디나

메카

홍해

우마이야
왕조의 수도

다마스쿠스

콘스탄티노폴

동로마 제국

카이로

프랑크 왕국

로마

지 중 해

크레타

튀니스

후우마이야
왕조의 수도

코르도바

무함마드 시대의 정복지
정통 칼리프 시대의 정복지
우마이야 왕조 시대의 정복지
아바스 왕조의 최대 영역

우마이야 왕조 이후 아바스 왕조가 이슬람 세계를 장악했을 때, 유럽의 이베리아반도에서는 코르도바 지역을 수도로 삼은 '후(後)우마이야 왕조'가 성립됐다.

교도 전체의 왕조'로 변모했다. 이것이 이른바 '아바스 혁명'이다. 이 왕조에서 이슬람교는 민족을 뛰어넘는 세계 종교로 거듭났다.

이 무렵의 세계사는 어디까지나 이슬람의 시대였다. 유럽은 오랫동안 이슬람 세력의 적수가 되지 못했다. 반면 중국의 당 왕조와 아바스 왕조 사이에서는 거의 250년 동안 활발한 경제·문화적 교류가 이뤄졌다. 아바스 왕조 제2대 칼리프, '알 만수르'는 766년에 수도 바그다드를 완성했다. 아바스 왕조는 8세기 후반의 칼리프, '하룬 알라시드_{재위: 786~809}' 시대에 전성기를 맞이했다. 아바스 왕조에서는 전리품으로 획득한 토지는 모두 움마(Ummah, 이슬람 공동체)가 소유했다. 이 원칙을 바탕으로 국가가 토지를 지배하고 토지세를 징수하는 제도가 확립됐다.

아바스 왕조의 수도 바그다드는 당나라 수도 장안과 어깨를 겨룰 만큼 번영했다. 732년, 투르-푸아티에 전투*에서 프랑크 왕국의 궁재_{宮宰} 샤를 마르텔이 우마이야 왕조의 이슬람군을 격파한 적이 있었다. 이 사건은 뒤집어 말하면, 그때까지 유럽 쪽에는 이렇다 할 만한 승리가 없었다는 뜻이다. 9세기 후반부터 이슬람 세계는 분열되면서 칼리프의 실질적 권위가 추락하기 시작했다. 그러나 아바스 왕조는 1258년 몽골의 침입으로 당시 칼리프가 살해될 때까지 장기간에 걸쳐 존속했다. 아바스 왕조의 영토 확대에 따라 현지인들의 이슬람교 개종도 잇따랐다. 아랍인이 아니어도 이슬람교도라면 평등한 대우를 받을 것이라 기대했기 때문이다.

---

* 732년 프랑크 왕국의 궁재인 샤를 마르텔(카를 마르텔)이 오늘날 프랑스 영토인 '투르'와 '푸아티에' 지역에서 이슬람군을 무찌른 전투로, 이 전투로 샤를 마르텔은 프랑크 왕국의 실권을 장악했다. 이후 그의 아들 '피핀 3세'는 훗날 프랑크 왕국의 왕으로 즉위하며 카롤링거 왕조를 개창했다.

인도로 건너간 이슬람교

이슬람교는 인도에도 전해졌다. 1206년에는 인도 최초의 이슬람 왕조인 '맘루크 술탄국'이 건국했다. 맘루크 술탄국을 세운 '아이바크'가 노예 병사 출신이라 '노예 왕조'라는 별명으로 불리기도 한다. 이슬람 사회에서는 노예 출신이 고위관료에 임명되는 일이 더러 있었는데, 맘루크 술탄국의 초대 군주인 아이바크도 그중 하나다. 이 왕조부터 1526년까지, 5대에 걸쳐 델리를 수도로 하는 이슬람 왕국이 존속됐다. 이들 이슬람 왕국을 통틀어 '델리 술탄국'으로 통칭한다.

맘루크 술탄국 이후 할지 왕조-투글루크 왕조-사이드 왕조-로디 왕조가 연이어 집권한다. 아프가니스탄 계통인 로디 왕조를 제외하면 모두 튀르크족 계열의 왕조다. 1526년 로디 왕조는 파니파트 전투*에서 아프가니스탄 내 카불 술탄국의 군주였던 '바부르'에게 패배해 멸망했다. 이에 인도에는 무굴 제국이 탄생하였다.

다우 무역

인도에서 이슬람 세력이 성장하면서 당연히 인도양에서도 이슬람 상인의 힘이 강해졌다. 저명한 이슬람 경제사가 야지마 히코이

---

* 델리에서 북쪽으로 약 80km 떨어진 '파니파트'라는 평원에서 벌어진 전투로, 이 전투로 인도의 델리 술탄국 시대는 종식되고 무굴 제국이 세워진다.

오늘날 중동 지역과 인도 지역을 오간 다우 선박

치家島彦─는 8세기 중반부터 10세기 중반까지 약 200년 동안 바그다드는 이슬람 세계의 문화적 상징이자 부의 원천이었으며, 이런 이미지는 주변 지역에 깊이 각인돼 있었다고 말한다. 바그다드와 인도양 사이의 상업적 수단은 '다우Dhow 선박'이었다.

다우는 고대 인도양에서 항해하던 선박으로, 삼각돛을 단 목조선을 통칭한다. 열대·건조지대에서 산출된 상품은 물론, 서아시아·지중해 연안부에서 생산된 의류, 융단, 금속제품, 도기, 유리 용기, 장신구, 금·은 화폐, 무기류 등을 다우 선박이 대량으로 실어날랐다. 다른 지역의 상품도 마찬가지였다. 다우를 이용한 상품 수송자는 바그다드 상인들이었다. 그들은 인도양은 물론, 지중해까지 찾아가 상행위를 했다. 이슬람 세력이 지중해 상업권까지 꽉 쥐게 된 것이다.

다우는 연안 무역은 물론 장거리 무역에도 사용됐다. 아랍인과 페르시아인은 동아프리카 해안과 인도 서안의 장거리 항해에 다우를 이용했다. 인도양에 면한 지역의 사람들도 다수가 다우를 사용했다. 인도양에서 지중해, 동아프리카까지 다우를 활용한 해상 수송은 이슬람교도가 장악했다. 유럽은 장기간에 걸쳐서 군사적으로나 상업적으로나 이슬람 세력을 당해낼 수 없었다.

중국·인도·아프리카로 퍼진 이슬람 상인

이슬람 상인은 당나라 초기부터 중국 푸젠성(복건성)의 취안저우(천주泉州)에 찾아왔다. 당나라는 건국 과정부터 대단히 국제적인 성격의 국가여서 이슬람 상인들이 수도 장안을 쉽게 드나들었다. 당의 대표적인 항구인 취안저우에 이슬람 상인이 나타났다고 하여도 결코 이상한 일이 아니었다. 인도에서 중국에 이르는 이슬람 상업 네트워크가 형성된 것이다.

인도 면직물이 홍해와 사하라사막 이남의 아프리카에 도달했다. 나아가 서아프리카 세네감비아_Senegambia*까지 갔다. 그 길은 이집트 카이로와 아프리카의 누비아, 에티오피아의 여러 상품집산지를 출발해 사하라사막을 종단하는 낙타 상인들이 이용했을 것이다. 이처

---

* 서아프리카의 두 나라, 세네갈과 감비아를 아우르는 지역을 일컫는 말이다.

럼 인도에서 중국으로 이어지는 해상무역로에 아프리카까지 이어진 네트워크가 추가됐다. 그 주축은 바로 이슬람 상인이었다.

몽골 제국의 역참제와 이슬람 상인들

몽골 제국은 내부 반란을 단호하게 진압했다. 그래서 기본적으로 제국 내부는 평화가 유지되었다. 만약 그렇지 않다면, 프란체스코회 수도사 '루브루크'가 수도 카라코룸에서 황제 몽케 칸(원나라 추존 황제 헌종憲宗)을 만나는 일은 일어나지 않았을 것이다.

몽골 제국의 창시자 칭기스칸과 그의 후계자들은 중계무역의 이익을 잘 알고 있었다. 몽골 제국은 통상로의 안전을 중시하고 상권의 정비와 치안 확보에 노력했다. 그 일환으로 역참제가 도입됐다. 여기서 쿠빌라이 칸재위: 1264~1294년 시대의 역참제를 살펴보자.

몽골 제국에서는 역참제를 '자무치', 역정驛亭을 '자무'라고 불렀다. 칸발리크(대도大都, 오늘날의 베이징)를 중심으로 하는 주요 도로에 10리마다 참(站. 숙소. 거점)을 두었다. 민가 100호를 참호站戶로 하여 여행하는 관리와 사절 등에게 인부와 말, 음식을 제공하도록 조치했다. 참호는 필요한 물자를 공급할 뿐만 아니라 인편을 제공하는 역할도 맡았다. 몽골 제국은 참호에 토지세를 면제했지만, 참호는 말을 제공해야 했기에 경제적 부담이 컸다.

새로운 수도 칸발리크를 중심으로 유라시아 전체에 역참제가 시행됐다. 이에 제국 내의 교통은 더욱 안전하고 편리해졌다. 이슬람 상인의 대상 교역로가 성행할 수 있는 토대가 마련됐다. 나아가 몽골 제국은 주요 도시와 행정 관청을 지날 때 내는 통행세를 폐지하여 상품을 더욱 싼 값에 유통할 수 있도록 조치했다. 이는 몽골 제국 지배자들이 상업, 나아가 정보 전달의 중요성을 잘 인식하고 있었음을 알려준다. 결과적으로 몽골 제국에서 상업에 드는 비용이 크게 절감됐다.

마르코 폴로는 《동방견문록》에서 저장성(절강성)에 있는 항구도시 항저우(항주杭州)의 번영을 이렇게 묘사했다.

> 주요 사거리 어디에나 높은 누각이 즐비하다. 누각 1층은 대개 점포이다. 거기서는 각종 수예 공방이 운영되거나, 향료·진주·보석 등 각종 상품을 팔고 있다. 쌀과 향료, 양조주만 전문으로 취급하는 가게도 있다. 이런 종류의 고급 점포는 물건이 늘 신선하고 상대적으로 값이 싸다.
>
> — 마르코 폴로 지음, 오타기 마쓰오(愛宕松男) 옮김. 《동방견문록 2》, 평범사동양문고, 2000.

몽골 제국은 기본적으로 육상국가다. 그러나 여기서 보듯이 해상무역도 충분히 성행했다. 몽골 제국은 13세기부터 이슬람화가 진행됐다. 예를 들면 몽골 제국의 제5대 칸이 된 쿠빌라이는 유라시아대륙 전체에 유통 기구를 구축했는데, 그 담당자가 '오르톡Ortogh' 이라 불린 이슬람 상인 조직이었다. 게다가 이슬람교도는 몽골 제국의 재무 관료로도 활약했다. 몽골 제국의 상업과 경제를 이슬람

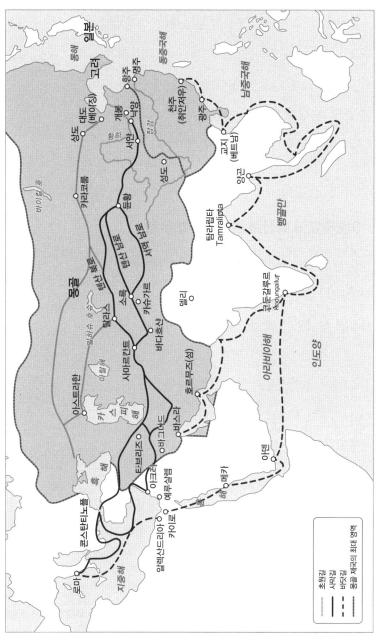

지도9 몽골 제국의 역참제도와 실크로드

교도가 떠받쳤다.

요컨대 몽골 제국은 상업을 보호했다. 역참제를 실시하고 해상무역을 발전시켰다. 따지고 보면 몽골 제국의 상업 정책은 이전 왕조의 정책과 크게 다르지 않았다. 몽골 제국은 1269~1301년 카이두의 난*을 평정하면서 '팍스 몽골리카Pax Mongolica'의 시대를 이룩한 후 유라시아대륙의 경제를 크게 발전시켰다.

이슬람교의 확산과 동남아시아 무역

8~11세기가 되면 인도양과 아라비아만뿐만 아니라 이슬람화가 진행된 남중국해, 동남아시아에서도 이슬람교 공동체가 출현했다. 빠르면 11세기 후반에는 아랍의 이슬람교 사절이 동남아시아를 거쳐 중국을 방문하였다. 당시에 중국 내 해상무역 거점이 광저우(광주廣州)에서 취안저우로 옮겨갔고, 취안저우에는 곧바로 이슬람교도의 예배당인 모스크가 세워졌다. 동시대 그리스도교가 유럽 지역에 국한됐다는 점을 상기하면, 이슬람교가 얼마나 빠르고 넓게 확산됐는지 알 수 있다.

1400~1462년에 믈라카, 수마트라, 말루쿠 제도의 일부가 이슬람화됐다. 이슬람 세력의 성장은 상당히 장기간에 걸쳐서 계속되었

---

* 중앙아시아 지역의 지배자인 '카이두'는 제5대 대칸이자 원나라 초대 황제로 즉위한 쿠빌라이를 상대로 전쟁을 벌였다. 이를 카이두의 난 또는 '쿠빌라이-카이두 전쟁'이라 부른다.

다. 브루네이, 마닐라, 참파 등도 이슬람화했다. 동남아시아의 이슬람화는 17세기 중엽에 절정을 맞이했다. 당시 동남아시아에 진출한 유럽인은 현지에서 막강한 힘을 발휘하는 이슬람교의 영향력을 경험했었다.

유럽에서 상업이 부활하다?

시선을 잠시 유럽으로 돌려보자. 20세기 전반의 벨기에 출신 역사가 앙리 피렌Henri Pirenne은 상업의 부활이라는 가설을 제기했다. 751년 카롤링거 왕조가 들어섰을 무렵에는 지중해에 진출한 이슬람 세력 때문에 유럽 상업이 활발하지 못했으나, 11~12세기 들어 유럽에서 상업이 부활했다는 것이다.

북이탈리아의 베네치아와 제노바 등의 상인이 레반트 무역에 종사하면서 향신료 등을 유럽에 들여왔다(레반트 무역에 관해서는 7장에서 상세히 설명하겠다). 나아가 북이탈리아 상인이 벨기에 북부의 플랑드르를 중심으로 연결된 북유럽 여러 도시와의 교역을 개시했다. 이탈리아와 북유럽을 연결하는 내륙 교통로가 발달하고, 이에 따라 프랑스 북동부에서 샹파뉴 대시장이 열리는 등 내륙 여러 지역의 경제가 발전한다. 이슬람의 침입으로 단절됐던 유럽의 화폐 경제가 활발해지면서 상업이 부활하고, 도시인구가 증가하며 도시도 함께 발전했다. 즉 이슬람교도의 침입으로 쇠퇴했던 지중해 무역이 11~12세기에 다시 숨쉬기 시작했다는 것이 앙리 피렌이 주장한

'상업의 부활' 가설의 요지다.

하지만 유럽의 상업은 오히려 이슬람 상업과 연결되어 확대됐다고 보는 편이 타당하다. 피렌은 유럽인의 시각에서, 이슬람 세력의 지중해 진출 때문에 유럽 경제가 타격을 입었다고 주장했다. 이는 지나친 억지다. 다만 유럽이 이슬람 세력에 포위된 것은 분명하다. 유럽이 이슬람교의 포위망에서 벗어나 세계를 향해 선단을 띄울 수 있게 되기까지는 많은 시간이 필요했다.

지중해 교역의 변모

476년 서로마 제국이 멸망했을 당시 지중해는 로마의 내해가 아니었다. 동로마 제국의 유스티니아누스 1세가 지중해 상당 부분을 '동로마의 내해'로 만들었던 것은 그래서 큰 의미가 있다. 그러나 이마저도 7세기에 이슬람 세력이 대두하면서 허무하게 무너지고 말았다. 빠르면 7세기 이전부터 이슬람교 세력이 지중해를 누볐다고 예측된다. 사료가 부족해 명확히 말할 수는 없지만, 이슬람 상인과 유럽 상인 간의 교역도 틀림없이 있었을 것이다.

우리는 오히려 이슬람 세력의 대두로 지중해에서 이문화異文化 교역(문화와 종교를 달리하는 사람들의 교역)이 발전했다는 사실에 주목해야 한다. 지중해는 가톨릭, 동방정교회, 그리고 이슬람교의 바다였다. 지중해는 다양한 종교가 교류하는 역사적인 공간으로 거듭났다. 전쟁으로 대립 관계가 생겨도 상인끼리는 거래가 이뤄지고 있었다.

이는 어느 시대에서나 나타나는, 그리 신기하지 않은 현상이다. 다만 지중해는 그 정도가 무척 컸다고 생각된다. 애초부터 유럽 상인은 이슬람 상인이 없으면 다른 지역과 교역하는 것이 불가능했기 때문이다.

이슬람 세력에 포위된 유럽

앞에서 말했듯이 아바스 왕조는 이슬람 세력의 범위를 중앙아시아로 확대했다. 후後우마이야 왕조는 오늘날 포르투갈과 에스파냐가 있는 이베리아반도를 손에 넣었다. 북아프리카에도 이슬람 왕조인 파티마 왕조가 10세기 초에 건국됐다. 즉 유럽은 이슬람 세력에 의해 완전히 갇히고야 말았다. 다시 말해 중앙유라시아에서 지중해에 이르는 교역망이 이슬람으로 단일화되었다는 뜻이다. 지중해는 이문화 교역권의 일부에 불과했다. 역설적으로 지중해 네트워크는 이슬람 세력에 의해 쇠락하기는커녕 장기적으로 확장할 수 있었다. 이 광대한 상업 공간에서 크게 활약한 중간상인이 유럽 상인이 아니라 이슬람 상인이었다는 사실이 특히 중요하다. 당시 유럽이란 지역은 광대한 이문화 교역망에서 비교적 작은 비중을 차지한 일부에 지나지 않았다.

일체성과 관용성

4장에서는 이슬람교도가 어떻게 수많은 지역에 진출했는지를 살펴보았다. 7세기 이래 16세기 무렵까지 이슬람 세력은 유라시아 세계 곳곳으로 퍼져 나갔다. 다만 여러 민족이 '이슬람화'에 참여한 뒤에도 계속 이들을 한 묶음으로 '이슬람교 신도'라 통칭하는 것이 적절한지는 생각해 볼 여지가 있다. 여기서는 이슬람교 신도들의 경제적 활동을 살펴보는 것에 초점을 맞췄다.

육상 교역로를 보면 몽골 제국의 상업·경제를 지탱한 주축은 이슬람교도였다. 이는 유라시아 상업에서 이슬람교도가 차지한 비중이 얼마나 컸는지를 이해할 수 있게 해 준다. 해상 교역로에서는 이슬람교도의 활약이 한층 더 뚜렷하다. 인도양에서 동남아시아 바다까지 가장 적극적으로 상업 활동을 펼친 부류는 이슬람 상인이었다.

이슬람 상인들은 지중해 교역에도 종사했다. 콜럼버스의 '신세계 발견' 이전에는 대서양 무역이 거의 존재하지 않았다. 따라서 이슬람 상인은 가톨릭·동방정교회·유대인 상인보다 훨씬 크고 광대한 지역에서 상업 활동을 펼쳤다. 유럽은 이슬람 세력에 둘러싸인 작은 변방에 불과했다. 다른 지역과의 상업 활동은 이슬람교도를 통하지 않고서는 거의 불가능했다.

이슬람교는 그리스도교보다도 더욱 철저하게 우상을 금지하는 종교다. 신자는 그가 속한 사회 정세와는 무관하게 유일신인 알라를 신앙했다. 이에 따라 이슬람교 사회는 그리스도교 사회보다도 일체성이 강하다고 평가된다. 한편으로는 이슬람교 사회는 그리스도교 사회보다도 관용적이었다. 세금을 내기만 하면 이교도라 해도 그리스도교 사회보다는 훨씬 자유롭게 살 수 있었다. 그 일체성과 관용성이야말로 이슬람교가 급속하게 발전한 원동력이었다.

7세기부터 16세기 초반까지는, 이슬람교 신도들이 세계 최대의 중간상인으로 활약했다. 그들은 세계사를 움직이는 주역 중 하나였다. 이슬람 세계가 점차 쇠퇴의 길로 접어들게 된 시점은 훗날 유럽인이 중간상인으로 활약한 시기와 맞물린다.

5장

소그드인

실크로드의 주인공

3장에서 파르티아인을 이야기했다. 하지만 실크로드 교역의 주역은 '소그드' 또는 '소그드인'이라 불린 사람들이다. 5장은 그들의 이야기다.

소그드인은 통일된 제국을 건설한 적이 없었다. 경제가 고도로 발달했음에도 중앙집권적 국가를 이룩한 적이 없었다. 다만 그런 배경 덕분에 중간상인으로 자유롭게 활동할 수 있었을 것이다.

소그드인은 중국에 조로아스터교와 마니교를 전하고, 돌궐의 지배를 받으며 실크로드 교역에 종사했다. 8세기 유라시아대륙에서는 당나라와 아바스 왕조라는 두 개의 제국이 병립했다. 이 두 나라는 실크로드 교역으로 하나의 상업권을 형성했다. 이것을 가능케 한 것이 바로 소그드인의 힘이었다.

소그드인과 소그드어

소그드인은 이란 계통의 민족이다. 그들은 예로부터 상업에 종사했다고 알려졌다. 그들의 원주지는 현재 우즈베키스탄의 도시인 '사마르칸트Samarqand' 일대의 소그디아나 지방이다. 제라프샨강Zeravshon 유역에 있는 사마르칸트는 중앙아시아 교역의 요충지인 도시다. 제라프샨강은 강의 남쪽과 동쪽 산에 쌓인 눈이 녹으면서 형성된 강으로, 옥수스강Oxus(아무다리야강Amu Darya)으로 흘러간다. 강 하류에 '부하라Buxoro'라는 도시가 있다. 이런 지형 덕분에 사마르칸트를 지배했던 사람들은 복잡한 관개용 수로망을 구축했다. 사마르칸트 주변에는 목초지가 드넓게 펼쳐져 있는데, 오늘날에도 사마르칸트 일대에는 이러한 모습을 볼 수 있다.

소그디아나는 기원전 6세기에 페르시아 제국의 키루스 2세에게 정복당한 땅이다. 페르시아의 속주였던 당시, 소그디아나에서 처음

지도10 소그디아나 지방

으로 문자가 사용됐다. 기원전 4세기 말 알렉산드로스 대왕이 페르시아 제국을 멸망한 뒤 소그디아나 지역은 셀레우코스 왕조 시리아와 박트리아 왕국의 영역에 속했다. 이후에는 대월지국, 쿠샨 왕조, 사산 왕조 페르시아, 에프탈, 돌궐 등의 지배를 받았다. 그러나 정말로 지배를 받았다기보다는, 자치적으로 생활했던 듯하다. 아케메네스 왕조 페르시아 제국의 지배를 받던 시대에는 공용어인 '아람어'가 아람 문자로 쓰였으나 페르시아 제국 멸망 후에는 아람 문자의 초서체로 소그드 문자가 등장했다.

소그드인은 소그디아나를 중심으로 중앙유라시아에서 상업 활동에 종사했다. 나아가 무인(용병이나 군인), 외교관, 성직자, 통역, 음악·무용·마술 등의 예술가로 활동했다. 소그드 문자는 돌궐 문자, 위그르 문자, 몽골 문자, 만주 문자에 영향을 끼치며 여러 곳으로 전파됐다.

소그드인이 조로아스터교, 마니교, 경교 등의 종교를 아시아에 전파하면서 소그드어는 아시아의 공용어가 되었다. 만리장성의 한 탑에서 발견된 4세기 초의 편지를 분석한 결과, 중앙아시아 소그드인 거류지와 사마르칸트에 있는 '본가' 사이에서 연락이 오갔다는 사실을 알 수 있었다. 소그드인은 동투르키스탄에서 몽골고원, 서역 여러 나라를 통해 중국에도 진출했던 셈이다.

아시아에서 소그드인은 흉노에 복속되었다. 그러다 6세기에 돌궐이 몽골초원에서 중앙아시아에 이르는 대제국을 건설하자 돌궐의 보호를 받으며 동서 교역에 종사했다. 돌궐은 군사력을 이용해 소그드인을 보호하고, 소그드인은 그 대가로 돌궐에 경제·문화적 이익을 제공하는 상호 보완 관계를 맺었던 것 같다.

중국에 들어온 소그드인은 5세기 이후가 되면, 이름을 중국식으로 바꾸고 중국의 풍속을 따르기 시작했다. 구체적인 예로, 사마르칸트 출신은 강康씨를, 부하라 출신은 안安씨를 성으로 삼았다. 8세기 중반에 안사安史의 난*을 일으킨 안록산安禄山이 소그드인이었다는 사실은 유명하다. 안록산의 아버지는 부하라 소그드인, 어머니는 돌궐인이었다고 한다.

소그드인은 우수한 상인이었기 때문에 중앙아시아 각지의 정보를 입수할 수 있었다. 덕분에 유연柔然**과 돌궐 등의 유목국가에서 정치·외교·군사 방면에 중용된 소그드인이 적지 않았다. 7세기가 되면 사마르칸트가 급속하게 발전해 무역이 확대되고 견직물과 수공업이 발전한다. 소그드인의 상업 활동을 따라 동서 실크로드뿐만 아니라, 우랄산맥 부근의 '북방 모피 교역로'도 다른 상인들이 애용하기 시작했다. 중앙아시아와 중국에서 발견된 많은 금그릇·은그릇도 소그디아나에서 만들어진 제품이었다.

---

*　당나라의 절도사였던 안록산과 그의 부하 사사명이 755~763년에 당나라를 상대로 일으킨 반란이다.
**　4세기 말부터 6세기 말까지 동아시아 북쪽의 넓은 지역을 통치하던 튀르크–몽골계 국가다.

소그드인의 국제무역이 발전한 과정

중앙아시아 역사를 연구하는 사학자 아라카와 마사하루荒川正晴는 국제무역 상인으로서 소그드인의 동방 활동에 관한 역사를, 육상로를 기준으로 네 시기로 나누었다.

① 제1기(1~4세기)

② 제2기(5세기 또는 4세기 후반~7세기 전반): 유목 세력의 대두와 소그드인의 스텝지역 진출. 식민 취락의 확산과 정착.

③ 제3기(7세기 전반~8세기 중엽): 당나라의 중앙아시아 지배와 이슬람 세력의 대두

④ 제4기(8세기 후반~): 당나라의 축소와 이슬람 제국의 동방 진출

여기서는 '제1기(1~4세기)'에 관해 논한다. 소그드 상인에 관해 국제적으로 저명한 책을 저술한 에티엔 드 라 베시에르Etienne de la Vaissière의 의견에 따르면, 소그디아나 교역은 기원전 6세기에 시작된 듯하다. 사료에 따르면 교역품 중에 인더스 문명의 수출품으로 유명한 청금석(라피스라줄리)이 있다. 이것은 소그디아나 남동쪽 경계 지역에서 획득했다고 전해진다. 해당 지역에서는 홍옥수紅玉髓(카넬리안)도 있었다 하는데, 만약 실제로 소그드인이 홍옥수를 상품으로 취급했다면, 이는 인도 북서부의 구자라트 지역에서 유입됐을 것이다. 즉 과거에 인도와 소그디아나가 실제로 교역했었다는 사실을 의미한다. 다만 정말로 그랬는지는 사료만으로 단정하기 어렵

다. 이후에도 알렉산드로스 대왕 시대에 소그디아나에서 교역이 이뤄지고 있었다는 사료가 발견됐지만, 이것 역시 확실하지 않다.

소그드인의 교역을 증명하는, 확실하면서도 가장 오래된 사료는 기원전 2세기 때의 사료다. 이 무렵의 한문 사료가 등장했기 때문이다. 당시 중국(한나라) 군대가 중앙아시아 중부까지 진출했다. 중국은 이후 300년에 걸쳐서 타림분지*에 개입한다. 이에 따라 중앙아시아에 관한 중요한 정보가 나올 수 있게 되었다. 한나라의 사마천은 역사서인《사기》에서 이렇게 서술했다.

> 대완(大宛)에서 안식(安息)까지 여러 나라의 언어에는 꽤 차이가 있으나 풍속은 대체로 비슷해 상호 간에 이해할 수 있다. 주민은 모두 패인 눈에 수염이 짙고, 장사를 잘하여 근소한 것까지 이익을 다투었다.

여기서 '대완'이 오늘날 우즈베키스탄의 도시, '페르가나'라면 "장사 수완이 좋다."라는 평가를 받은 사람들은 소그드인이 된다. 어쩌면《사기》가 소그드인을 언급한 최초의 문헌일지도 모른다.

페르가나에서는 벼와 포도가 재배되었고, 넓은 목초지와 큰 마을이 여럿 형성됐다. 훗날에는 그곳에서 중국산 생산품이 다수 발견되었다. 이는 중국과 소그디아나 출신 상인들이 거래했을 가능성

---

* 오늘날 중국의 신장 위구르 자치구 남부에 있는 지역이다.

을, 그 거래가 산발적인 게 아니라 지속적이었을 가능성을 시사한다. 한나라 때 중국인이 처음으로 중앙아시아에 관한 인상을 기록할 무렵, 앞서 말했듯이 소그드인은 이미 우수한 상인으로 평가받고 있었다. 소그드인의 거류지는 교역로의 중요한 접촉지 중 하나인 둔황敦煌 등에 형성됐다. 둔황에서는 313~314년에 저술된 소그드인의 서간이 발견됐다. 이 편지는 중국 각지에 귀금속, 향신료, 베布 등의 옷감을 판 소그드 상인들만의 교역망이 있었음을 알려준다. 소그드인의 역사에 정통한 이와미 기요히로石見淸裕는 이를 두고 이렇게 말했다.

중앙아시아의 건조한 사막지대에 있는 오아시스 도시는, 건조농업을 기본 생업으로 한다. 그러나 그것만으로는 필요한 물자를 모두 충족할 수 없기 때문에, 부족분을 보충하고자 중계무역과 원거리 교역을 한다. 부하라(安國, 安姓), 사마르칸트(康國, 康姓), 타슈켄트(石國, 石姓), 키시(史國, 史姓) 같은 오아시스 도시의 소그드인이야말로 부족분을 채우고자 상업에 뛰어든 대표적인 부류다.

– 이와미 기요히로, 〈당과 튀르크인 · 소그드인–민족의 이동 · 이주로 본 동아시아사〉
《전수(專修)대학사회지성개발 연구센터–동아시아세계사연구센터 연보 1》, 2008.

소그드인은 실크로드 교역에서 중요한 역할을 맡았지만 한 번도 강한 국가를 수립한 적이 없다. 오히려 강력한 중앙아시아 제국의 '신민'을 자처했다. 아라카와 마사하루의 의견에 따르면, 제1기에 속하는 기원후 1세기가 되면서, 소그드인은 동방에 진출하기 시작한다. 기원후 1세기는 불교가 동방으로 전파되던 시기이기도 했다. 불교 의례를 거행하거나 불구佛具 등을 제작할 때, 특히 열대산 향료와 향목이 필수적으로 소요된다. 동아시아에서도 불교가 전파되면서 불교 물품을 생산하기 위한 향료와 향목이 서서히 유통되었다. 또한, 초기불교의 경전을 중국어로 번역하는 과정에 소그드인이 관여했을 가능성도 충분히 고려해야 한다. 따라서 동아시아에서 불교와 향료·향목의 보급은 소그드 상인의 교역 활동과 밀접하게 연관되어 있다.

당나라의 고승 '현장玄奘'이 쓴 《대당서역기》에서는 현재 키르기스스탄에 자리한 이식쿨 호수 부근, 특히 키르기스스탄 북부 토크마크 지역에 관해 '상호商胡'라는 말이 사용된다. 이는 각지에서 모여든 상인을 지칭한 말인데, 특히 소그드인이 중심이 된 상인을 가리켰다. 토크마크는 톈산북로를 지나 서쪽으로 가는 길, 서쪽에서 동쪽으로 향하는 길, 중국 쪽에서는 현장이 지나온 길이 교차하는 지점에 해당한다. 토크마크는 당시에 대단히 번영한 상업도시였다. 이 도시 외에도 현장은 다수의 지역을 언급하는데, 언급하는 곳곳마다 당시 소그드인이 상업에 종사하였다. 현장은 사마르칸트에 관해서도 거론하는데, 이러한 사실만 보더라도 현장의 여행은 소그드 상인의 교통로가 아니었다면 불가능했을 거라 판단해도 무방하다.

소그드인은 인도와 이란의 경계 지역 출신자들과 함께 타림분지와 중국의 간쑤성(감숙성甘肅)으로 이주했다. 한나라가 쇠락하는 상황에서도 소그드인은 중국인을 대신해 시장에서 물품 공급을 담당했다. 결국 소그드인은 중앙아시아에서 중국에 이르는 모든 거점에 소그드 상인의 거주지 네트워크를 구축할 수 있었다.

소그드인의 네트워크가 얼마나 대단한지를 설명하는 단적인 예가 있다. 견직물이 중요하다는 사실을 인지한 한나라는 그 제조법을 결코 외국에 누설하지 않았다. 그 제조법이 인도에 전해진 시기는 제조법이 만들어지고 300년이 조금 지난 무렵의 일이었다. 새로운 기술과 중국 누에를 인도에 전한 인물은 소그드인의 무역로를 이용한 불교 승려였다. 인도는 전통적인 야잠견野蠶絹* 생산에 중국 기술을 응용하는 데에 성공했다. 결국 중국 견직물의 국제적 지위는 서서히 하락했다.

동로마 제국과 중국을 연결한 소그드인

파키스탄 북부 계곡 바위에 새겨진 소그드인의 비문에는, 소그디아나에서 인도로 남하하는 경로에서 소그드인이 어떻게 활동했는지가 적혀 있다. 나아가 소그드 상인들은 서쪽으로도 진출하여 6세기에는 동로마 제국과 교역하기 위한 새로운 무역로 개척에 착수한 듯하다. 비단이나 견직물은 보통 다음의 순서로 동로마 제국에 도착했다.

---

* 　참나무, 상수리나무, 가시나무 등의 잎을 먹고 사는 야생의 누에에서 얻은 견섬유를 가리킨다.

중국 상인 → 초원 유목민 → 소그드 상인 → 사산 왕조 페르시아 관리 → 페르시아 공방工房 → 동로마 제국의 코메르키아리오스 (Komerkiarios, 재정담당 관리)

이처럼 과정이 길어 동로마 제국에서 구입하려고 할 때의 가격은 원산지에서보다 훨씬 비쌌다. 중국에서 동로마 제국으로 비단이 유통되는 중간에 비단 가공도 이루어졌을 것이므로 비단의 최종판매액은 그만큼 높아질 수밖에 없었다.

로마는 1세기부터 실크로드를 이용해 안정적으로 비단을 확보했다. 그러나 사산 왕조 페르시아226~651년가 건국되면서 비단 수입은 불안정해졌고 가격도 급등했다. 사산 왕조 페르시아는 비단 유통을 관리하면서 전시에는 로마와의 교역을 차단했다. 따라서 동로마 제국의 황제, 유스티니아누스 1세는 소그드인과 직접 교역할 수 있는 교역로를 새롭게 개척했다. 또한 제국 내부에서 양잠업을 발전시켰다. 황제는 중앙아시아를 거쳐 중국 양잠 기술을 몰래 들여올 목적으로 소그디아나의 소그드인과 접촉했다. 즉 동로마 제국의 양잠업이 발전한 배경에 소그드 상인이 있었던 셈이다.

한편 1999년에는 소그드인이 중국에 정주했다는 사실을 증명하는 유물이 발견됐다. 중국 산시성(산서성山西) 타이위안太原시 진위안晋源구 왕구오王郭촌의 오래된 묘에서 묘지문이 출토됐다. '우홍묘지虞弘墓誌'라는 이름의 묘지문을 분석한 결과, 해당 무덤의 주인이 소그드인으로 판명되었다. 북제北齊와 수隋나라 시대에 적잖은 소그드인

지도11 소그드인의 상업 네트워크

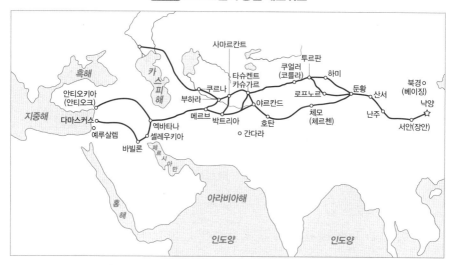

소그드인은 5~7세기에 실크로드를 이용해 동로마 제국과 중국을 연결하는 중개상으로 활약했다.

이 중국으로 이주했으며 타이위안을 중심으로 소그드인 마을이 형성됐다는 것이다. 이와 관련하여, 모리야스 다카오森安孝夫의 연구는 당나라와 소그드인의 밀접한 관계를 잘 설명한다. 모리야스는 자신의 연구에서, "617년 당나라 고조 이연이 거병한 이듬해 소그드인 안씨가 이연을 원조했다."라고 말한다. 당의 수도 장안에는 다수의 소그드 상인이 살았다. 이들을 통해 중앙아시아와 중국을 연결하는 교통이 활발해졌다. 조로아스터교와 마니교가 중앙아시아에 퍼지고, 이윽고 중국에도 전파됐다.

당나라에 거주하던 소그드인 가운데는 상인뿐 아니라 무인(군인, 용병)으로 활약한 사람도 많았다. 절도사가 되어 안사의 난을 일으켰던 안록산이 소그드인이듯이 말이다. 당나라는 건국 시점부터 소그드인의 도움을 받았다. 안록산은 절도사에까지 올랐다. 많은 소그드인이 당나라에서 관료로 활동했다. 소그드인은 소수민족이었으나 중국 정치에 끼친 영향력은 결코 얕볼 수 없었다. 더군다나 당은 외국인에게 개방적인 나라였다. 수도 장안은 인구 100만의 도시라 일컬어졌고, 유라시아 세계에서 바그다드와 어깨를 나란히 한 국제도시였다. 종교적으로도 관용을 크게 베풀어 수도 장안에는 여러 종교 건물이 들어섰다. 불교 사원으로는 일본의 엔닌円仁 등이 유학한 대흥선사大興善寺, 무측천(측천무후)이 세운 대천복사大薦福寺, 현장이 있던 자은사慈恩寺 등이 그에 해당한다. 경교 사원으로는 대진사大秦寺가, 조로아스터교 사원으로는 현사祆祠가 있었다.

　당이 일본에서 보낸 '견당사'를 받아들인 이유는, 소그드인처럼 선진문화를 배우고자 찾아오는 이방인이 낯설지 않을 만큼 당나라가 이국에 개방적인 국가였기 때문이다. 예를 들면, 717년 견당사의 일원으로 당에 온 일본인 아베노 나카마로阿倍仲麻呂는 귀국하지 않고 그곳에서 죽었다. 그는 이백, 왕유 등 당시 유명 문화인과 교제하며 자신의 학식을 높였다. 덕분에 당나라 현종 치세에는 관료로 발탁됐다. 이후 그는 오늘날 베트남을 관리하는 안남도호부*에 부임했고, 766년에는 절도사로 승차했다. 외국인으로서 이처럼 고위직으로 진출이 가능했던 이유 역시 당나라가 포용력이 넓은 제국

---

*　안남도호부(安南都護府)는 679~866년에 오늘날 베트남에 설치된, 당나라 최남단에 자리한 행정구역이었다. 안남은 과거 중국에서 베트남을 부르는 말이었다.

이었기 때문이다. 당나라 입장에서도 뛰어난 인재를 활용해야 나라에 이득이 된다고 판단했을 것이다. 어쩌면 당 황실 자체가 유목민족인 '선비족' 계통이라는 점, 즉 순수 한족이 아니었다는 점도 국가를 개방적으로 운영하는 데에 영향을 끼쳤을 것이다.

소그드인은 당에서 두드러진 활약을 했다. 당나라도 소그드인의 상업 네트워크가 국익에 보탬이 된다고 여겼다. 당나라가 활용한 외국인은 많았고, 소그드인은 그중 일부였다는 것이 타당한 결론이다.

당나라의 상업정책

아라카와 마사하루에 의하면, 당나라 시기에는 과소過所라 불리는 통행증이 관청에서 발행되었다. 중앙아시아 투르판*에서는 8세기 전반에 당시 상인이 휴대했던 과소가 출토됐다. 통행증으로는 과소 외에도 공험公驗이 있었다. 과소는 인접한 주州를 넘어 멀리 떨어진 지역까지 가는 편도 교통을 보증하는 통행증이다. 따라서 목적지에 도착하는 순간 과소의 효과는 사라진다. 이와 달리 공험은 주 경계 밖으로 나가는 것이 가능하지만 반드시 기일 안에 복귀해야 하는 기한부 통행증이었다.

과소를 휴대한 상인은 자유롭게 상업 활동에 종사했다. 중앙아시

---

* 투루판시는 오늘날 중국 신장위구르자치구 중부에 위치한 지급시이다.

아에서 당의 영내로 들어가는 상인은 투르판 등의 오아시스 도시에서 이 과소를 발급받았다. 따라서 소그드 상인이라고 해서 마음대로 소그디아나와 당나라를 오갈 수 있었던 건 아니었다. 다만 과소는 소그드인처럼 장거리 교역을 생업으로 삼은 상인에게는 안전한 이동을 보장하는 중요한 수단이었다. 소그드인은 낙타 상단을 조직해 이동하면서 상업을 영위했다. 과소를 소유했다는 것은, 당나라로부터 낙타 상단을 조직하여 상업해도 좋다는 권리를 부여받았음을 의미했다. 이에 따라 실크로드가 마냥 자유로운 상인의 영역은 아니었다는 사실을 알 수 있다. 당나라 정부는 상인에게 상업 활동과 통행을 허가했다. 이는 곧 상인을 통제할 무력이 있고 유사시에는 무력으로 보호해줄 수 있다는 점을 알린다. 상인들도 당연히 본인을 지키기 위해 무장할 수 있지만 국가의 합법적인 보호를 받는 편이 더욱 안전했다. 당나라가 발급하는 과소를 가지고 있어야, 상인의 자격과 능력을 보증할 수 있었다. 적어도 당나라 시대의 실크로드 교역은 정부가 상인의 자질을 보증해야 가능한 일이었다고 평할 수 있다.

한편, 중요한 교역품인 노예와 말에 관해서는 과소에 그 내용을 상세하게 기록했다. 지역 관청은 과소에 적힌 사항을 꼼꼼하게 검사했다. 당나라 내부에서 소그드 상인들은 이처럼 엄격한 감시를 받아야 했다. 당의 시스템에 순응하는 상인만이 당나라가 제공하는 혜택을 누릴 수 있었다.

모리야스 다카오의 주장에 따르면 소그드 사회는 농업사회이면서도 상업이 뛰어났다. 소그디아나는 9~10세기가 되어서도 여전히 장거리 교역의 중심지였다. 사치품을 취급한 실크로드 교역의 특성상 수송 도중에 고액 상품을 분실하는 일, 물품 수량을 속이는 일, 고급품과 저급품을 바꾸는 일 등이 자주 발생했다. 그런 위험에 대비하고자 상품의 품질과 수량 또는 어느 대상의 누구에게 화물을 맡겨야 하는지를 편지에 구체적으로 기록해 물건과 함께 보냈다. 상인은 인장이나 붉은색 먹을 종이에 찍었고, 그 편지를 누가 보냈으며 받는 쪽 상인은 누구인지를 즉시 알 수 있도록 조치했다. 이처럼 애초에는 단순한 상품 송장에 불과했던 편지가 나중에는 점차 개인적인 소식을 전달하는 수단이 되기도 했다. 그래서 수송 상품 없이 따로 편지만 보내는 일도 늘어났다. 실크로드를 왕래하는 말과 낙타 대상이 우편제도의 기능을 수행한 것이다.

역사적으로 전근대 사회의 유라시아 세계에서는 노예 또는 이와 비슷한 신분의 사람이 많았다. 실크로드에서도 마찬가지였다. 소그드 사회는 자유인과 비자유인을 엄격하게 구별했다. 상인은 자유인으로 분류되었다. 군인 중에는 비자유인도 있었다. 그들은 귀족이나 부유한 거상의 경호원으로 고용되곤 하였다.

소그드인과 중국 정부의 공생

실크로드는 정부의 보호 아래 상인이 자발적·자율적으로 형성한 상업용 통로였다. 그 중심이 된 상인이 바로 소그드인이었다. 실크로드의 공용어는 소그드어였다. 실제로 소그드인은 751년 탈라스 전투*로 종이 제조법(제지술)이 서방으로 전파되기 이전부터 종이를 상업 목적에 사용하고 있었다. 당과 소그드 상인의 관계를 생각하면 당연한 일이었다. 한나라와 로마, 그리고 당나라와 동로마 제국은 관료제가 발전해 중앙집권을 이룬 국가다. 그에 비해 중앙아시아의 유목국가는 영웅적인 인물이 나타나지 않으면 곧바로 소멸하는 위기에 직면하는 경향이 강했다. 이런 국가 체제의 차이가 어쩌면 중앙아시아에서 실크로드 상업에 종사하는 사람들, 특히 소그드 상인이 탄생할 수 있었던 중요한 배경이 되었을 것이다. 소그드 상인은 역설적이게도 여러 나라의 '보호'를 받게 되면서 비교적 자유롭게 상업에 매진할 수 있었다.

실크로드 상인과 중국 정부는 공생 관계였다. 어느 한쪽이 더 우세했다고 말할 수는 없다. 만약 상인들이 모두 중국 상인이었다면 실크로드 교역에 참여하기가 오히려 더 힘들었을 것이다. 그런데 8세기 중반 무렵 이슬람교의 아바스 왕조가 소그디아나 지역을 직

---

* 탈라스 전투는 751년 7~8월 사이에 고구려 유민 출신의 당나라 장군 '고선지'의 군대가 소그디아나의 탈라스를 침공하며 개시됐다. 소그드인은 이슬람의 아바스 왕조에 도움을 요청하여 당나라 군대를 격퇴하였다. 해당 전투의 결과, 중국의 제지술이 이슬람 세계에 전파되었다.

접 지배하기 시작하자 소그드 상인의 영향력은 서서히 소멸했다. 이슬람화가 진행되면서 점차 소그드인의 정체성이 소멸되었기 때문이다. 9세기부터는 이란계 왕조가 이 지역을 지배하자 페르시아어가 주류 언어로 부상했다. 이후 튀르크계 이슬람 왕조가 연이어 세워지자 당연히 튀르크어가 주류 언어로 떠올랐다. 자연히 소그드어를 사용할 기회가 감소하였다. 마침내 소그드인은 역사의 전면에서 사라지게 된 것이다.

그러나 소그드인이 실크로드 교역에서 압도적으로 중요한 상인이었다는 사실만큼은 변치 않는다. 그들은 한때나마 유라시아대륙 최대의 중간상인으로서 활약했었다. 그들은 중국에서 동로마 제국에 이르는 광대한 범위에서 활동하며 거액의 수수료를 챙겼다. 다음 장에서 이야기할 아르메니아인만큼은 아니지만, 소그드인은 유라시아대륙의 상업을 떠받친 주역이었다. 소그드인은 역사의 주변인이 아니라 한 시대의 주인공이었다.

6장

세파르디와
아르메니아인

지중해를 넘어 세계로

7세기 이슬람 세력이 지중해 세계로 진출하자 유럽인의 상거래는 한동안 침체되었다. 그러나 11~12세기 무렵부터 레반트 교역을 중심으로 이탈리아 상인이 활동하게 되었다. 지중해는 (로마 가톨릭이 아닌) 그리스도교 아르메니아 상인, 이베리아반도 출신 세파르디 등 종교적 배경이 다양한 여러 계통의 상인이 활동하는 바다가 되었다. 또한 지중해는 신세계에서 아시아로 이어지는 이문화 교역권의 일부를 담당했다. 지중해는 이탈리아인, 아르메니아인, 세파르디 중간상인이 활약하는 지역으로 발전한다. 이러한 다양한 문화가 유럽에 르네상스를 일으키는 배경이 되었다.

지중해의 중간상인

　4장에서도 언급한 바 있는 앙리 피렌은 그의 저서《무함마드와 샤를마뉴》에서 이렇게 주장했다.

흑해

이베리아반도

발칸
반도

아나톨리아
반도

동지중해

레바논

리비아

이집트

'레반트 지역'은 넓게는 그리스와 이집트 사이의 동지중해 연안 지역을 포괄하고, 좁게는 시리아·레바논 두 나라를 가리킨다. 르네상스 시기 전후의 레반트 지역은, 지중해 동쪽에 자리한 이탈리아 상업권을 지칭한다. 오늘날의 그리스(발칸반도), 튀르키예(아나톨리아반도), 시리아−팔레스타인(서아시아), 이집트(북아프리카) 등을 폭넓게 포괄하는 범위다.

무함마드에 의해 이슬람 세계가 탄생하고, 이슬람 세력은 고대 지중해 세계의 통일성을 깼다. 그리고 유럽 세계의 중심이 지중해에서 내륙부로 이동했다.

− 나카무라 히로시(中村宏)·사사키 가쓰미(佐佐木克巳) 옮김.
《유럽 세계의 탄생−무함마드와 샤를마뉴》 고단샤학술문고, 2020.

피렌은 프랑크 왕국의 메로빙거 왕조481~751년와 카롤링거 왕조751~987년 사이에 단절이 있었다고 본다. 메로빙거 왕조에서는 고대

로마 때부터 이어진 지중해 상업이 계속 유지됐으나 카롤링거 왕조가 들어서면서 지중해 상업이 단절됐다. 카롤링거 왕조의 샤를마뉴 재위: 768~814년는 이슬람이 지중해 세계를 침략했기 때문에 제위에 오를 수 있었다. 이에 피렌은 "무함마드 없이 샤를마뉴도 없다."라고 주장했다.

그러나 그의 주장이 틀렸다는 걸 우리는 이미 확인했다. 지중해가 완전히 이슬람의 바다로 전락하진 않았기 때문이다. 오히려 이탈리아 상인이 활약하는 무대가 되었다. 11~12세기에 들어서면 이슬람 세력이 서서히 지중해에서 물러나고 이탈리아 상인의 힘이 세졌다. 한편 유럽에서는 이포식 농업(이포제二圃制)에서 삼포식 농업으로 전환 중이었다. 즉 경작지의 절반을 휴경지로 쓰던 이전과는 달리 경작지를 춘경지·추경지·휴경지로 나눠 3년 주기로 돌려 사용함으로써 농업 생산력이 높아졌다.

이탈리아가 본격적으로 향신료 무역에 뛰어든 시기는 14~15세기 무렵이다. 중세 후반에 이를수록 이탈리아가 번영할 수 있었던 이유로, 레반트 교역과 더불어 향신료 무역이 있다. 향신료 무역으로 이탈리아 상인은 확실히 큰 이득을 보았다. 다만 이 무역에서 이탈리아 상인의 수송로는 이집트 지역의 알렉산드리아, 이탈리아반도처럼 지중해에 국한되어 있었다. 이탈리아 상인은 지중해 내부의 중간상인에 불과했다.

이문화의 교류장

르네상스는 이탈리아에서 발생했다. 르네상스의 시작을 알리는 상징적인 작품으로는 단테1265~1321년의 《신곡》이 있다. 《신곡》은 라틴어가 아니라 14세기 초 이탈리아어(정확히는 토스카나 지역 방언)으로 쓰였다. 지옥―연옥―천국 3부로 구성된 이 작품에서, 지옥에서 고통을 받는 사람은 이슬람교 창시자인 무함마드다. 이 대목에서 이슬람교를 바라보는 단테의 심각한 편견을 엿볼 수 있다. 물론 당시 이탈리아와 지중해 세계, 나아가 유럽 전체가 이슬람의 압박을 받았다는 점도 고려해야 한다. 십자군 원정 자체는 이미 종결되었음에도 그 영향이 여태 남아 있었던 것이다.

르네상스란, '재생·부활' 등을 의미하는 단어이자 고대 그리스·로마 문화를 부흥하자는 문화운동이었다. 이러한 설명에서는 이슬람의 영향이 느껴지지 않는다. 다만 오늘날 학술 연구에서는 사정이 다르다. 예를 들면 중세―르네상스 시기의 베네치아 건축물에서는 오스만 제국의 영향이 뚜렷하게 발견된다. 이처럼 지중해에서는 여러 문화가 교류했다. 르네상스가 시작될 무렵의 지중해는 가톨릭과 동방정교회, 이슬람교 모두의 바다였다. 이탈리아인이 고대 그리스·로마 문명을 이상으로 삼으면서도 현실에서는 문화적으로 앞선 이슬람 세계의 영향을 받았다고 생각하는 편이 합리적이다. 이탈리아인은 강력한 이슬람 세계와 마주하면서 자신들의 문화적 수준을 높였던 것이다.

세파르디와 다이아몬드

세파르디Sephardi는 15세기 말에 이베리아반도에서 추방당한 유대인 집단을 일컫는다.* 세파르디의 일부는 네덜란드 암스테르담과 로테르담에 피난처를 마련하고, 본래 거주지였던 이베리아반도와 외국 식민지의 무역에 크게 이바지한 것으로 알려져 있다. 17세기부터 18세기 전반, 유대인은 유럽이 전 세계를 지배하는 데에 깊이 관여했다. 그 중심 근거지가 바로 네덜란드의 암스테르담과 이탈리아의 자유항구(수입품에 관세를 부과하지 않는 항구) '리보르노Livorno'였다. 포르투갈의 아시아 거점, 인도의 '고아Goa'에서 생산하던 다이아몬드를 리보르노의 세파르디가 취급하기 시작하자, 세파르디는 그 대가로 지중해 산호를 인도에 수출하였다. 리보르노의 세파르디가 지중해 산호를 인도 고아에 수출하고, 고아에 사는 힌두교도가 다이아몬드를 리보르노에 수출하는 무역로가 생성된 것이다.

18세기 중엽의 리보르노는 세계적인 산호 가공 및 산호 무역의 중심지였다. 산호 채취에서 가공까지, 전 과정이 리보르노에서 진행되자 산호 수출 비용이 크게 낮아졌다. 이에 따라 세파르디의 일부가 리보르노에 정착하였다. 한편 인도는 1729년 브라질이 처음으로 다이아몬드 수송을 시작하기 전까지는 세계 최대의 다이아몬

---

* 이베리아반도의 가톨릭 국가들은 약 7세기에 걸쳐 이슬람 세력을 축출했다. 그 과정을 '레콩키스타(국토회복 운동)'라 부른다. 레콩키스타를 완수한 에스파냐 왕국은 이슬람교의 보호를 받은 유대인들에게 가톨릭으로 개종하거나 이베리아반도를 떠날 것을 요구했다. 이로 인해 수많은 유대인이 이베리아반도에서 추방되었다. 이때 흩어진 유대인을 '스파라드 유대인' 혹은 '세파르디'라 부른다. 레콩키스타의 자세한 내용은 8장에서 소개한다.

드 생산지였다. 그중에서도 가장 중요한 곳은 인도 내륙 데칸고원의 '골콘다'였다.

리보르노에 정착한 세파르디는 다이아몬드 시장에 필요한 몇 가지 요소를 겸비하였다. 그들은 비밀을 엄수하면서 광대한 유대인 네트워크를 활용해 상업 정보를 확보했다. 골콘다처럼 머나먼 도시와 장거리 교역을 하기 위해 자신들의 신용을 제공했고, 지역마다 다른 교역 방식에 능란하게 응수했다. 종교적으로 마이너리티인 세파르디는, 가족 외에는 의지할 데가 거의 없었다. 따라서 세파르디가 소유한 기업은 가족경영 형태로 운영됐다. 전문적인 상업 지식을 다른 세파르디에게 직접 전수했다.

세파르디의 설탕무역

포르투갈 식민지였던 브라질에서는 16세기 이후 사탕수수 생산량이 크게 증가했다. 브라질산 설탕은 유럽에 수출됐다. 브라질산 설탕 시장은 프랑스와 이탈리아를 포함해 여러 곳이 있었다. 원래는 오늘날 벨기에의 도시인 '안트베르펜'이 설탕 시장의 중심지였지만 머지않아 네덜란드의 암스테르담으로 바뀌었다. 암스테르담은 1609년 이후 브라질산 설탕의 절반 이상을 흡수했다. 그다음으로 중요한 도시는 앞서 말한 안트베르펜과 독일의 함부르크였다. 두 도시는 암스테르담과 밀접하게 연결돼 있었다. 세 도시의 브라질산 설탕 수입량이 전체 수입량의 75% 이상일 것이라 추정한다.

세파르디는 구세계(유럽)보다 훨씬 자유롭게 상업 활동을 할 수 있는 신세계(아메리카)로 적극적으로 이주한다. 애초부터 유대인은 구세계에서 차별받는 존재였다. 그들의 첫 번째 이주지는 브라질이었다. 유대인은 브라질에서 서인도 제도까지 사탕수수 재배를 확대해 네덜란드가 플랜테이션* 식민지를 육성하는 데에 공헌했다.

한때 네덜란드는 브라질의 페르남부쿠 지역을 포르투갈에서 뺏은 적이 있다. 포르투갈이 이를 되찾은 1654년, 네덜란드인과 그들이 소유한 노예가 카리브 제도에 도착했다. 네덜란드인이 도착하기 전에도 사탕수수는 재배되고 있었지만, 네덜란드인이 노예들을 이끌고 카리브 제도에 도착한 후 설탕 생산업을 제대로 정착시켰다. 이처럼 카리브 제도에서 설탕이 생산되면서 브라질산 설탕이 시장을 독점한 시대가 저물었다.

브라질의 플랜테이션에서 노예를 소유하며 사탕수수 재배법을 알고 있었던 세파르디 일부가 카리브 제도의 네덜란드, 영국, 프랑스 식민지로 이주했다. 이에 카리브해는 설탕 생산의 새로운 거점이 됐다. 노예를 소유한 유대인들은 가혹한 노동력 착취 문제로 한동안 카리브 제도의 영국령 자메이카 등지에서 비판을 받았다.

이 무렵 카리브해에서부터 북미·남미에 이르는 몇몇 곳에서 유대인 공동체가 출현했다. 대부분이 세파르디였다. 이들이 설탕 생

---

* 열대기후·아열대기후 지역에서, 선진국이나 다국적기업의 자본 및 기술과 원주민의 값싼 노동력이 결합하여, 상품작물을 대규모로 단일경작하는 농업 방식을 의미한다.

산법을 신세계에 널리 퍼뜨렸다. 설탕 제조법을 카리브 제도에 퍼뜨린 사람들도 역시 세파르디였다. 서아프리카 출신 흑인노예와 이베리아반도 출신 세파르디가 신세계에 이주한 이후, 신세계는 '설탕혁명'의 무대가 되어 '설탕왕국'으로 군림했다. 흑인노예나 세파르디 둘 중 하나라도 없었다면 설탕 생산량이 증가하거나 유럽에 설탕이 풍족하게 공급되는 일은 없었을 것이다.

세파르디의 비즈니스 전략

이탈리아의 역사학자 프란체스카 트리벨라토Francesca Trivellato의 주장에 따르면, 세파르디는 사회적 소수자라서 신뢰할 수 있는 사람은 같은 유대인밖에 없었고 따라서 가족기업을 운영했다. 유대인 동포끼리는 계약서도 작성하지 않았다. 그러나 어떤 세파르디가 사기 행각을 저질렀다면, 그의 악행은 순식간에 유럽 전역의 모든 세파르디 공동체에 퍼진다. 사기 행각을 저지른 세파르디의 평판은 곧장 떨어져 생계 활동이 불가능해질 정도였다.

세파르디가 모든 구성원에게 무한한 책임을 요구하는 합명회사合名會社로 기업을 운영한 이유는, 구성원 각자가 그 책임을 받아들일 만큼 상호 신뢰가 두터웠기 때문이다. 디아스포라 민족인 세파르디는 지리적으로 널리 퍼져 있었고, 지역을 막론하고 가족처럼 긴밀한 유대 관계를 맺었다. 그만큼 세파르디는 지역을 초월한 거래가 다른 상인들보다는 비교적 수월했다. 대신 동료 유대인보다 신뢰하지 않았던 이교도를 상대할 때는 철저하게 계약을 맺었다. 세파르디 상인은 비유대인과의 파트너십을 유한책임*으로까지 형성하는 일이 거의 없었다. 그들은 혈연관계에 크게 의존하였다.

그러나 세파르디 상인의 활동이 혈연과 동일 종파에만 머물렀던 건 아니다. 대다수 세파르디는 비유대인과의 파트너십 계약서에 서명하면서도, 그들을 위탁 및 대리 상인으로 고용하기도 했다. 이런 방법으로 세파르디는 동일 종파가 살지 않거나 본인의 시장 장악력이 닿지 않는 곳까지 시장을 넓힐 수 있었다.

아르메니아인이 주도한 유라시아 중계무역

아르메니아 왕국은 301년에 세계에서 처음으로 그리스도교를 국교로 채택했다. 이것이 로마 가톨릭이나 동방정교회와 구별되는, 오리엔트 정교회 소속의 '아르메니아 정교회(사도교회)'다. 아르메니아 왕국은 현재의 아르메니아와는 달리 소아시아에서 이란에 걸친 중동 지역에서 독자적인 문화를 이룩했다. 아르메니아인들은 뛰어난 상인이었으며 여러 언어에 능통해 통역가로도 활약했다.

아르메니아인은 망국의 경험을 수차례 겪었다. 1606년 사파비 왕조 대이란국(사파비 왕조 페르시아)의 아바스 1세가 대이란국의 수도

---

* 채무자의 일정한 재산 또는 일정액이 채무의 담보가 되어 강제 집행의 대상이 될 수 있는 책임을 뜻한다.

이스파한Isfahan에 아르메니아인 거주지인 뉴줄파New Julfa를 건설하자, 15만 명 이상의 아르메니아인이 뉴줄파로 이주했다.

이 무렵에 아르메니아인은 유라시아대륙의 몇몇 지역에서 상업에 종사하는 중이었다. 그들의 거류지는 중동을 넘어 유럽에도 퍼져 있었다. 16세기 아르메니아인은 비단상인으로 유명했다. 16~17세기 대이란국은 생사生糸의 주요 생산국이었고 유럽, 러시

지도13 이스파한으로 이주한 아르메니아인

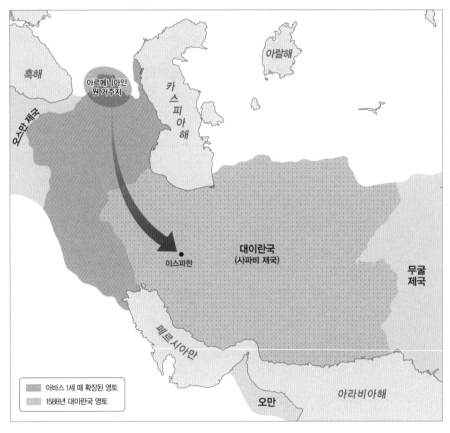

아, 오스만, 인도에 비단을 수출했다. 대이란국이 비단과 교환한 물품은 은이었다. 이 교환 수송을 담당한 상인이 바로 아르메니아인이었다. 그들은 비단과 은의 교환을 생업으로 삼았다.

1615년 아바스 1세가 대이란국의 비단 수출을 국가 독점 산업으로 삼았다. 사파비 왕조에 비단은 그만큼 중요한 상품이었다. 비단과의 교환으로 대이란국에 은이 유입되었고, 그 교환에 종사한 사람은 역시 아르메니아인이었다. 은과 비단이 교환되었다고 하여 이를 두고 "Silk for Silver"라고 부른다. 대이란국 입장에서 아르메니아인의 상업 네트워크와 상업 지식은 무척 긴요한 자산이었다. 아마도 근세에 이란을 넘어 유라시아대륙에서 대규모 상업을 개시하고자 한다면, 아르메니아 상인의 네트워크를 이용하지 않을 수 없었을 테다. 게다가 아르메니아인은 유럽 교역뿐 아니라 러시아 교역도 담당하였다. 이처럼 아르메니아인은 16~17세기 당시 유라시아 세계 최대의 중간상인으로 활약하였다.

아르메니아 상인의 거대 네트워크

아르메니아인의 역할은 여기에 그치지 않았다. 포르투갈 출신 항해사 바스쿠 다가마가 인도에 도착하면서, 16세기 이후의 인도양은 포르투갈의 바다가 됐다. 이에 따라 육상교역이 저물었을 거라 오해하기 쉽다. 하지만 당대에는 오히려 아르메니아인을 중심으로 육상교역이 활발하게 진행되었다. 예를 들어, 영국의 동인도회사는 아르메니아인과 파트너십을 맺어 대이란국과의 무역을 전개했다. 영국 동인도회사는 현지의 언어, 문화, 관료를 잘 알고 있는 아르메니아인을 적절히 이용했다.

영국 동인도회사는 아르메니아 상인을 이용해 동남아시아와의 무역도 전개했다. 현재의 필리핀, 마닐라와도 거래했다. 동인도회사는 인도 마드라스(오늘날 첸나이)를 동남아시아 무역의 거점으로 삼았다. 요컨대 아르메니아 상인의 네트워크는 유럽, 서아시아, 중앙아시아, 동남아시아에 퍼져 있었다. 즉 유라시아대륙 대부분에 아르메니아인 네트워크가 있었다. 아르메니아인은 이란, 인도, 인도네시아뿐만 아니라, 이탈리아의 베네치아와 리보르노, 네덜란드의 암스테르담에도 다수 거주하였다.

산업혁명의 숨은 주역

17~18세기 국제무역에서 인도는 가장 중요한 교역 거점 중 하나였다. 인도의 섬유 제품과 생사는 세계 시장에서 최우수 상품으로 취급받는 데다가 값마저 저렴했기에, 인도 면직물은 대량으로 유럽에 수출됐다. 그리고 이 당시에 인도에서 상업 활동을 전개한 집단은 바로 아르메니아인이었다. 아르메니아인 공동체는 인도의 아그라 지역에 아르메니아 정교회 교회와 대상 숙소를 세웠다. 마드라스, 콜카타(캘커타) 외에도 뭄바이(봄베이) 및 18세기 코지코드(캘리컷)에도 상관을 두었다. 아르메니아 네트워크는 국경을 넘어 인도 주

변으로 확대됐다. 그들은 티베트의 귀금속, 중국의 금을 인도의 섬유, 호박, 진주와 교환했다. 17세기 인도네시아 자카르타(당시 이름 바타비아Batavia)에 아르메니아 상인의 선박이 있었다는 기록도 남아 있다.

한편 16세기에는 오스만 제국이 면직물 염색공업(날염공업)을 발전시켰다. 면직물 염색공업은 인도에서 가장 인기가 많은 원단의 모조품을 생산하는 산업이었다. 인도 면직물, 즉 '옥양목玉洋木'은 촉감이 좋고 비교적 값이 저렴하여 인기가 많았다. 오스만 제국은 이 옥양목을 자국에서 생산하려고 애썼다. 1634년 무렵 수도 이스탄불에는 25개의 공장이 가동되었다. 그 공장들에서 염색이 지워지지 않는 갱사(更絲, 목면원단에 염색문양을 한 제품)가 생산되었다. 그 공장들의 소유주가 바로 아르메니아인이었다. 자연히 아르메니아인이 오스만 제국에서 날염공업의 실권을 장악했다.

아르메니아인은 인도와 거래를 하면서 면직물 제조와 관련된 지식과 경험을 풍부하게 축적했다. 유럽인도 아르메니아인에게서 날염공업을 배워 유럽 곳곳에 염색공장을 세웠다고 한다. 이전까지의 소규모 공방이 아니라 수백 명의 노동자가 근무하는 대규모 공장이었다. 공장의 대형화로 생산 비용이 크게 낮아지자, 원래는 무명을 주로 생산했던 프랑스 루앙Rouen 지역에서 옥양목 날염공업이 흥행하기 시작했다.

이 시기에 일어난 가장 중요한 사건은 당연히 산업혁명이다. 산업혁명은 18세기 후반 잉글랜드 북서부 맨체스터에서 시작됐다. 당시 맨체스터 지역에서는 신세계에서 수입한 면화를 면직물로 생산하는 산업이 발전하였다. 인도의 수제 옥양목 시장에 대항하기 위해 영국은 '기계화'를 도입했다. 교과서식으로 설명하자면, 영국의 산업혁명은 면포 공정과 방적 공정의 혁명이다. 1733년 존 케이는 '플라잉셔틀'*을 발명하였고, 덕분에 직기 성능이 급속하게 개선됐다. 하그리브스·아크라이트 방적기**가 제작되면서 방적 수준도 월등하게 상승했다.

그런데 이러한 설명에는 '날염공업의 중요성'이 생략되었다. 면직물 역시 직물이기에 염색이 필요하다. 예로부터 인간은 자신의 손으로, 식물이나 곤충, 조개껍질을 원료로 삼아 물품을 염색했다. 산업혁명은 면포와 방적뿐 아니라 이 날염공업도 기계화하는 데에 성공한 사건이기도 하다. 이것이 산업혁명에서 가장 중요한 '혁명적 사건'이었다. 이토록 중요한 혁명적 사건의 근간에는, 인도에서 염색공업의 지식과 기술을 습득한 아르메니아인의 공로가 있다. 즉 아르메니아인에게서 유래한 기술이 산업혁명의 초석이 된 것이다.

---

* 손이 아니라 기계장치로 직조기에 씨실을 넣는 장치를 말한다.
** '제임스 하그리브스'와 '리처드 아크라이트'는 산업혁명 당시 새로운 방적기를 발명한 영국인이다.

유럽을 넘어선 교역망

르네상스의 기원이 된 지역은 이탈리아다. 이후 이탈리아인은 오랜 세월 유럽인의 동경과 흠모를 받는 대상으로 문화계에서 군림했다. 르네상스의 배경에는 이탈리아 중간상인이 있다. 이탈리아 상인은 레반트 무역과 향신료 무역에서 활약했다. 그렇지만 이탈리아 상인의 활동 범위는 오스만 제국에 의해 제한되었다. 중세부터 근세에 걸쳐 이탈리아 상인은 지중해 세계에서 최대의 중간상인으로 활약했으나 그들의 활동 무대는 유럽 내에 국한됐다.

한편 세파르디는 이베리아반도에서 추방된 유대인으로, 신세계에서 인도에 이르는 광대한 다이아몬드—산호 교역권을 확보하였다. 또한 지중해에서 상업을 주도했다는 것도 앞서 주지한 사실이다. 이탈리아 리보르노에 거주한 세파르디는 지중해 산호를 인도 고아에 수출하고, 고아에서 수출한 다이아몬드를 확보했다. 또한 세파르디는 이베리아반도 출신이었다는 과거를 이용해, 당시 동남아시아 무역을 주도한 포르투갈인과 언어적 제약 없이 계약서를 작성할 수 있었다. 이처럼 세파르디는 당대 국제무역에서 유능한 중간상인으로 활약했다.

아르메니아인은 소그드인 이상으로 유라시아대륙에서 상업으로 활약했다. 유라시아대륙의 육상무역에서 가장 크게 활약했던 이들이 아르메니아인이었다.

세계적으로 상업이 확대되면서 중간상인의 역할도 확대됐다. 그들은 지역과 지역, 사람과 사람을 연결했다. 지중해 상업은 이러한 커다란 상업 네트워크 속에서 살펴봐야 한다. 다시 말해 신세계에서 지중해, 인도양, 동남아시아의 여러 바다, 유라시아대륙, 나아가서는 동아시아에 이르는 광대한 이문화 교역권의 구성원으로서 중간상인이 참여하였다. 그 중간상인들 가운데 특히 뛰어났던 집단이 세파르디와 아르메니아인이었다. 그들과 비교하자면, 이탈리아 상인의 역할은 크다고 말하기 어렵다.

바이킹, 한자동맹, 네덜란드

북방 교역망의 변천사

7장은 북유럽의 두 바다, 북해와 발트해를 연결한 상인들의 이야기다. 바이킹은 일반적으로 전사戰士로 알고 있으나 실제로는 상업에 종사한 사람들이기도 했으니 그들도 중간상인으로 간주할 수 있다. 그들 덕분에 북해와 발트해를 중심으로 한 북유럽 상업권이 형성됐다. 그들의 후계자가 한자동맹 상인(한자 상인)이다. 이들은 북해와 발트해를 더욱 긴밀하게 연결했다. 한자동맹의 후계자인 네덜란드 상인은 발트해 무역을 모체로 삼아 유럽 상업의 패권을 거머쥐었다. 17세기의 네덜란드 상인은 어쩌면 유럽 내 최대의 상인으로 볼 수 있을 것이다.

북방의 페니키아인

　유럽은 남방의 지중해, 북방의 북해와 발트해에 둘러싸였다. 지금까지는 지중해 상업의 변천을 살펴보았으니 이제부터는 북해와 발트해 상업을 이야기하겠다. 가장 먼저 설명할 대상은 '바이킹'이

다. 바이킹은 일반적으로 '약탈자'로 알려져 있다. 유키무라 마코토
幸村誠의 만화《빈란드 사가》에 등장하는 바이킹의 모습은 확실히 약
탈자다. 그러나 오늘날 학계에서는 바이킹을 단순한 약탈자가 아니
라 넓은 지역을 무대로 교역을 벌인 중간상인으로 간주한다.

서양 중세사를 연구할 때 약탈과 교역을 엄밀히 구별하기란 사실
불가능하다. 바이킹이 남긴 유적지가 스칸디나비아반도를 넘어 넓
은 지역에서 발굴되면서, 그들이 다양한 장소를 거점으로 교역 활
동에 종사했다는 사실이 밝혀졌다. 스웨덴의 스톡홀름에서, 서쪽으
로 약 29km에 있는 비외르쾨섬에 '비르카'라는 마을이 있다. 이 비
르카는 바이킹의 교역 거점으로 유명하다. 이외에도 덴마크와 독일
국경에 있는 하이타부Haithabu, 잉글랜드 북동부의 요크, 아일랜드의
더블린, 프랑스의 루앙 등이 바이킹의 교역 거점이었다는 사실이
고고학 발굴 조사를 통해 확인됐다.

이처럼 바이킹의 교역망은 대단히 넓었다. 필자는 바이킹을 '북
방의 페니키아인'이라 부르고 싶다. 북해와 발트해 지역을 하나의
교역권으로 통일한 최초의 집단이 바이킹이었다. 그들의 업적은 지
중해 교역망을 확립한 페니키아인의 업적과 맞먹을 정도로 값지다.
바이킹 시대의 스칸디나비아 사회는, 바이킹이 세운 교역도시를 거
점으로 높은 경제·사회적 유동성을 확보하였다. 이런 사실이 간과
된 채 바이킹이 약탈자로만 인식된 이유는, 역사가들이 바이킹에게
영토를 빼앗긴 사람들의 사료만으로 역사를 해석했기 때문이다. 이
러한 악영향은 현재까지도 강하게 남아 있다.

바이킹이 단순한 약탈자가 아니었다는 사실은 13세기 아이슬란드에서 기록된 《에길의 사가》에서도 알 수 있다. 이 작품은 노르웨이 농민의 손자이자 바이킹 출신의 아이슬란드 농장주였던 '에길 스칼라그림손Egill Skallagrimsson'이라는 사람의 일생을 서술했다. 이 작품에서 바이킹은 교역자이자 침략자로 묘사된다. 그러나 약탈만으로는 커다란 사회를 유지할 수 없다. 바이킹은 약탈을 하긴 했지만 기본적으로는 교역으로 생활을 유지한 사람들이었다. 이 책에서는 바이킹을 북해와 발트해를 연결해 북유럽 여러 지역에서 활동한 중간상인으로 설명하고자 한다.

바이킹의 상업권

바이킹의 상업권은 사실 이슬람의 팽창과 밀접하다. 이슬람 세력이 7세기부터 급속히 성장해 바그다드가 아바스 왕조의 새로운 수도가 되었고, 이슬람의 장거리 교역 네트워크가 완성됐다. 바이킹은 동시대에 북유럽의 중간상인으로 활동했다. 바이킹은 발트해에서 볼가강을 통해 흑해, 나아가서는 카스피해와 동방으로 이동하며 모피와 노예를 실어 북유럽-동유럽의 여러 강 연안의 시장에서 교역했다. 그 거래를 담보로 근동이나 중앙아시아에서 향신료, 비단, 무기, 갑주, 은화를 가져와 북해·발트해 시장에서 판매했다. 아바스 왕조의 동북부 변경에 자리한 사만 왕조와도 거래를 개시했다. 바이킹의 교역 범위는 놀라울 정도로 넓었다. 이윽고 지중해뿐 아니라 북유럽에서도 이슬람 네트워크에 의한 이문화 교역이 성행하게 됐다. 바이킹은 이문화 교역권에서 북해·발트해 상업권을 오가는 중간상인으로서 그 지위를 굳혔다. 이슬람교의 영향력이 북유럽에까지 강하게 뻗친 것이었다. 중세 유라시아 경제사를 아주 단순하게 요약하자면, 유럽 경제는 (경제성장률을 차치하더라도) 이슬람 세력의 확장에 힘입어 성장했다고 말할 수 있다.

바이킹은 어떤 면에서 몽골 제국의 건설자들과 비슷하다. 몽골 제국이 전쟁만 일삼은 건 아니라는 점은 4장에서 이미 이야기했다. 몽골 제국의 지도자들은 역참제를 포함한 상업용 기반 시설을 정비해 경제성장을 촉진했다. 바이킹 역시 약탈뿐만 아니라 교역을 하였다. 육로를 애용한 몽골인과 달리 바이킹은 해로로 이동하는 일이 많았는데, 양쪽 다 상업 활동에 적극적으로 종사했다.

바이킹은 대체로 '덴마크 바이킹'과 '스웨덴 바이킹'으로 나뉜다. 덴마크 바이킹은 북해에서 대서양 쪽으로 항해했고, 스웨덴 바이킹은 강을 따라 동쪽으로 항해했다. 스웨덴 바이킹은 오늘날 러시아 땅으로 접근해 노브고로드 지역에 나라를 세우기도 했다. 즉 이슬람 세력과 교역 관계를 맺은 쪽은 스웨덴 바이킹이다. 덴마크 바이킹이 서쪽으로, 스웨덴 바이킹이 동쪽으로 향한 이유는 무엇일까? 학계에서는 스칸디나비아반도에 겨울마다 얼어붙는 하천 지역이 있기 때문이라 추정한다. 그 하천을 기준으로 동쪽에 있던 스웨덴 바이킹은 배와 썰매를 함께 사용했으나 하천 기준 서쪽에 있는 덴마크 바이킹은 거의 배만 사용했다. 여담으로, 배를 쓸 줄 알았던 덴마크 바이킹은 9세기 무렵부터 잉글랜드를 침공했다. 그들 중 가장 유명한 부류가 잉글랜드 동부지역에 정착한 데인인Dane*이다. 실제로 당시 잉글랜드에서는 데인인 거주 구역을 '데인로Danelaw'라고 불렀다.

노르만인과 데인인

바이킹 중에는 데인인 외에도 노르만인(노르만족)이라고 불리는 사람들도 있었다. 노르만인의 이동지역은 무척 넓었다. 그중 제일 유명한 노르만인은 1066년 잉글랜드를 정복하고 노르만 왕조를 창시한, 노르망디 공작이었던 '정복왕 윌리엄'이다.

노르만인은 북쪽 바다에서 해상로를 타고 지중해에 진입했다. 이 경로는 훗날 북유럽의 여러 나라가 지중해로 진출하고 해운업을 발전시킬 때에도 이용한다. 노르만인은 미래의 영국과 네덜란드, 스웨덴이 지중해로 진출할 때 활용할 경로를 미리 개척해 놓았다. 더욱이 이 경로는 본래 페니키아인이 지중해에서 브리튼 제도(영국 및 아일랜드)로 항해할 때에 개척한 경로였다. 노르만인은 이 경로 중 일부를 역방향으로 활용했다.

한편 데인인으로서 덴마크와 노르웨이의 국왕이었던 스벤 1세(스벤 트베스케그)는 재차 잉글랜드를 침공해 1013년에는 잉글랜드 왕위

---

* 오늘날의 덴마크 영토와 스웨덴 남부에 거주하던 북게르만족의 일파다.

지도14 바이킹 교역망

빈란드(Vinland)는 고대 스칸디나비아 바이킹인 '레이프 에릭슨'이 명명한 북미의 지명이다. 1960년 캐나다 뉴펀들랜드섬의 북쪽 해안에서 바이킹의 거주지로 쓰였던 란세오메도스 역사 지구를 발굴했다. 이를 두고 과거 바이킹이 찾은 '빈란드'로 상정하나 여전히 빈란드의 위치를 두고 논란이 있다. 다만 학계에서는 대략 5세기를 전후로 바이킹이 북아메리카에 도달하긴 했을 것으로 추정한다.

에도 올랐다. 그의 뒤를 이은 크누트 대왕995~1035년은 영역을 확대해 자국을 '북해 제국(잉글랜드—스칸디나비아 제국)'으로 만들었다. 그러나 이 북해 제국은 크누트 대왕 사후 순식간에 와해됐다. 데인 왕조는 크누트 대왕의 능력에 절대적으로 의존했고, 법과 제도는 충분히 발전하지 못했다. 노르만인이나 데인인은 본래 사적인 유대를 중시한 탓에 국가 형성과 운영에서 지나치게 지도자의 능력에만 의존했다. 따라서 왕이 죽으면 국가가 붕괴하는 사태가 되풀이됐다.

이러한 모습은 중앙아시아의 유목국가와 흡사하다. 유목국가도 제도나 체제가 아닌 지도자 개인의 능력에 지나치게 의존했기 때문이다. 바이킹과 대치한 서구의 여러 나라는 서서히 관료제를 발전시켜 제도에 기반을 둔 국가로 발전했고, 유목국가와 맞선 중국 역시 과거제를 통해 관료제를 발전시켜 체제에 기반을 둔 나라로 거듭났다. 유라시아대륙의 동과 서에서 유사한 현상이 동시에 나타난 것이다.

바이킹과 상업의 관계

여기서 다시 역사학자 앙리 피렌의 '상업의 부활' 개념을 끌어와 보자. 피렌은 7세기 이후 이슬람 세력이 지중해로 진출하면서 유럽인의 상업 활동이 크게 쇠퇴해 유럽이 농업 중심의 사회가 되었다고 보았다. 그로 인해 먼 지역과의 거래가 거의 자취를 감추고 말았다. 그런데 11~12세기 들어 지중해에서 이슬람 세력이 서서히 물러나고, 북해와 발트해에서는 바이킹의 약탈 행위도 차츰 사라졌다. 피렌은 이런 식으로 유럽 주변의 바다가 평화로워졌다고 주장했다.

피렌이 살았던 시대에는, 바이킹을 단순하게 '약탈자'로만 간주했을지도 모른다. 그러나 앞서 이야기한 것처럼 오늘날에는 바이킹을 잉글랜드(영국)에서 러시아를 포괄하는, 광대한 상업 네트워크를 구축한 상인으로 간주한다. 시대적 한계를 고려하더라도, 바이킹처럼 광대한 네트워크를 활용한 '상인'을 역사학자가 몰랐다는 건 문제다. '상업의 부활'이라는 개념 자체가 애초부터 오류 위에 세워진 것이다.

피렌의 주장과 달리 지중해 상업은 끊겼다 부활한 게 아니라 어느 정도 이어지는 중이었다. 북해·발트해를 포함한 상업권에서는 바이킹에 의한 상업 활동이 활발했다. 새로운 교역로도 개척되는 중이었다. 그들이야말로 북유럽 상업 네트워크를 구축한 최초의 사람들이었다. 만약 바이킹이 없었다면, 유럽 상업권의 운명은 크게 달라졌을 것이다.

피렌은 바이킹의 존재를 간과하였지만 필자는 바이킹의 역할을 크게 강조하고 싶다. 11~12세기 들어 북유럽에서는 한자동맹同盟이 대두했다. 한자동맹이란, 북해·발트해 연안의 독일 여러 도시(뤼베크, 함부르크, 브레멘, 로스토크 등)를 중심으로 결성된, 상인과 도시의 연합이었다. 한자동맹 상인은 바이킹이 개척한 루트도 상거래 목적으로 사용했다. 한자동맹이 활동한 교역로는 기실 바이킹이 이미 열어놓은 교역로라고 해도 과언이 아니다. 바이킹의 상업 네트워크는 북유럽 내 여러 나라의 발흥에도 큰 영향을 끼쳤다. 바이킹은 분명 북유럽 최초의 중간상인이었다.

바이킹의 후계자

한자동맹은 중세 북유럽에서 결성된 상인과 도시들의 상업적 연합이다. 그들은 바이킹의 상업 네트워크를 물려받은 후계자다. 한자동맹은 독일어로 Hanse라고 한다. 이것은 '상대商隊'라는 의미로, 굳이 따지자면 '동맹'이란 번역이 정확하진 않다.

이 동맹 혹은 연합은 중세 후기인 12세기 무렵에 탄생했다. 그리

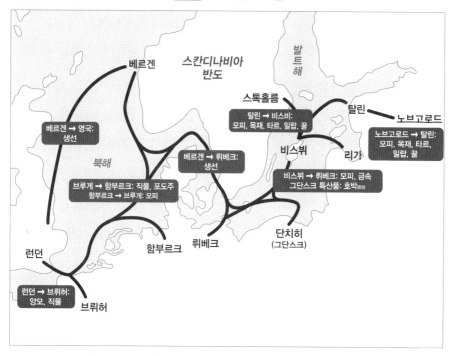

한자동맹의 중심지는 오늘날 독일의 함부르크, 뤼베크, 뮌헨 등이었다. 그곳들을 중심으로 유럽 내 물류가 활발하게 교환됐다.

고 14세기에 최전성기를 맞이했고 17세기 중엽까지 존속했다. 한자동맹의 영역은 북해·발트해 연안-독일 북부-플랑드르-폴란드-러시아를 포괄했다. 동맹의 중심 도시는 오늘날 독일의 뤼베크다. 맹주 뤼베크를 중심으로 함부르크, 쾰른, 단치히, 리가 등 다수의 도시가 동맹에 참여했다. 유럽 주요 도시에 재외상관도 설치했다. 14세기에는 동맹과 대립하던 덴마크와 전쟁까지 벌일 정도로 막강한 세력을 과시했으나, 16세기 이후 동맹의 회원국들이 차츰 주권국가를 수립하면서 초국가적 동맹 체제는 쇠락하였다.

한자동맹에 소속된 도시의 수가 최대 200개 정도였다는 가설이 있다. '동맹'이라고는 말하여도 규약 같은 개념은 없었다. 따라서 한자동맹의 실체를 두고 다채로운 논의가 여전히 진행 중이지만 합의할 만한 보편적인 결론에는 도달하지 못했다. 이후에도 결론이 나지 않을 수 있다. 하지만 이 상업공동체의 중심이 뤼베크였다는 사실만큼은 틀림없다. 한자동맹의 총회가 뤼베크에서 개회했기 때문이다. 뤼베크는 이후 북유럽 상품 유통의 중심 도시로 거듭났다.

현재도 독일에서 '한자'라는 말은 독특한 의미로 쓰인다. 예를 들어 항공회사 '루프트한자Lufthansa'의 상표명은 '하늘의 한자'라는 의미다. 독일의 도시주 중 하나인 '함부르크Hamburg'의 정식 명칭은 '함부르크 자유 한자시(한자도시)'다. 함부르크의 자동차 번호판에는 'HH(한자도시 함부르크)'라는 표기가 적혀 있다. 따라서 실체로서의 한자동맹은 소멸했다고 하더라도, 그 이미지는 여전히 살아있는 셈이다.

랑스킵에서 코게로

바이킹이 약탈자이자 상인으로 활약할 수 있었던 데에 랑스킵Langskip이라 불리는, 좁고 긴 형태의 배가 큰 역할을 맡았다. 이와 달리 한자동맹 상인들은 코게Kogge라는 배를 사용했고, 이로 인해 상인으로서의 바이킹은 쇠락하였다. 코게는 선수에서 선미까지, 성곽 같은 상부 구조를 갖추어 매우 견고했다. 이에 비해 랑스킵은 높이가 낮아 전투에 불리했다. 이것이 북유럽 해상 전투에서 바이킹이 지닌 치명적인 약점이었다. 코게는 배 바닥이 평평했다. 바다가 비교적 잔잔하고 수심이 낮은 프리슬란트(독일·네덜란드의 북해 연안)의 난바다(외해)나 슐레스비히(독일과 덴마크에 걸친 지역)의 피요르드(Fjord, 빙하로 만들어진 좁고 깊은 만)를 항해하는 데에 적합했다.

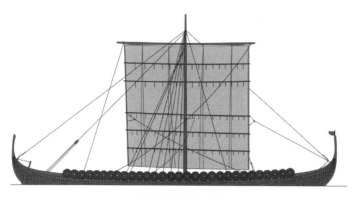

바이킹의 랑스킵 모형

북해 해역에서 코게가 주력선으로 사용된 시기는 13세기 초로 알려져 있다. 14세기 초반에는 남유럽의 조선 기술자들이 외부재의 끝과 끝이 접하도록 고정하는 독자적인 기술(캐러벨 공법)을 활용해 코게의 디자인을 모방할 수 있게 되었다. 이전보다 크고 신장이 높은 배를 만들고, 거기에 사각형 돛을 달았다. 북해와 발트해에서는 이 배를 '카락Carrack'이라고 불렀다.

북해·발트해 무역은 12세기 이후 뤼베크를 통해 이뤄졌다. 더 정

프랑스와 잉글랜드를 오간 한자동맹의 코게 선박

확하게 말하면, 이 두 바다의 상품 수송은 뤼베크-함부르크를 연결한 육로를 통해 이뤄졌다. 도중에 운하를 일부 이용하기도 했지

지중해에서 활동한 카락 선박

만, 이때까지는 현재의 덴마크와 스웨덴 사이의 외레순 해협ø resund은 해상 경로로 사용되지 못했다. 조류가 너무 빨라 당시 항해 기술로는 항해가 어려웠기 때문이다.

한자 도시의 통행세

뤼베크에서 함부르크로 수송한 주요 상품에는 밀랍, 구리, 동물과 물고기의 기름, 동물 가죽 등이 있었다. 함부르크에서 뤼베크로 가는 상품으로는 모직물, 기름, 약재, 청어, 비누, 명반(백반) 등이 있었다.

142쪽의 표1은 뤼베크에서 기록한 한자동맹의 세금대장台帳이다. 한자 도시가 교전 중에 상품에 매긴 세액을 표시한 것이다. 일본의 한자동맹 연구자들은 이를 '관세'로 번역한다. 그러나 표1을 보면 뤼베크 상품이 거의 없다는 사실을 알 수 있다. 따라서 이 세금을 '관세'로 번역하는 건 정확하지 않다. 아마도 '통행세'나 '통관세'라고 명명하는 편이 상대적으로 더 정확할 것이다. 관세는 상품의 수출입에 부과된다. '항구 안'에서의 상품 출입, 요컨대 뤼베크를 중심으로 거래되는 상품에 매겨진 추가 세금을 관세로 번역하면, 그 세금의 본질을 호도할 수 있다. 해당 세금대장은, 적어도 대장이 작성될 시점에는 뤼베크가 북해·발트해 무역의 유통 거점이었다는 사실만을 증명한다고 생각한다.

요약하자면 다음과 같다. 뤼베크·함부르크를 통해 북해 상품이 유통되었고, 뤼베크는 북해와 발트해 무역의 거점이었다. 한자동맹 상인은 바이킹 이후 북유럽 최대의 중간상인으로 자리매김했다. 그들의 상업권은 바이킹의 활동권보다 축소됐지만 동맹에 참여한 도시 간의 결속력은 더욱 강력했다.

표1 1368~1369년 뤼베크 수출입 통행세(단위: 1000뤼베크마르크)

상품명	주 원산지	수출	수입	총액
모직물	플랑드르	120.8	39.7	160.5
어류	스코네	64.7	6.1	70.8
소금	뤼네부르크		61.6	61.6
버터	스웨덴	19.2	6.8	26
가죽(피혁)	스웨덴, 리보니아(리프랜드)	13.3	3.7	17
곡물	프로이센	13	0.8	13.8
밀랍	프로이센, 리보니아	7.2	5.8	13
맥주	밴드족의 도시들	4.1	1.9	6
구리	스웨덴, 헝가리	2.2	2.4	4.6
철	스웨덴, 헝가리	2.4	2.2	4.6
기름	플랑드르	2.7	1.5	4.2
아마	리보니아, 북독일	0.4	3	3.4
각종 식료품		2.2	1.2	3.4
금은	불명	0.7	2	2.7
와인	라인 지방	1.3	0.9	2.2
아마포	베스트팔렌	0.2	1.1	1.3
각종 상품				
총합		338.9	206.9	545.8

밴드족은 독일인이 동쪽으로 진출하기 전에 엘베강 유역 인근에서 살던 서슬라브계 부족들을 통칭한다.

출처: 다카하시 오사무(高橋理), 《'한자'동맹의 역사 - 중세유럽의 도시와 상업》 창원사, 2013, 113쪽.

네덜란드의 부상

뤼베크가 유통의 거점이었던 시대는 15세기 말에 종언을 고한다. 이 무렵부터 네덜란드가 덴마크와 스웨덴 사이의 외레순 해협을 항해하는 해상로를 개척하는 데에 성공했다. 육상로가 사용되지 않았던 것은 아니다. 단지 해상 수송량이 많아지는 중이었다. 실제 사료를 참고하자면, 18세기가 되어서도 뤼베크-함부르크 교역로가 사용되고 있었음을 알 수 있다. 특히 사치품 수송은 수송 비용이 다소 높아도 괜찮기 때문에, 육상 교역로를 계속 사용했을 것이다.

네덜란드가 부상한 배경을 이해하기 위해서는 당시 유럽의 사정을 알아야 한다. 앞서 몽골 제국이 유라시아대륙을 평정한 '팍스 몽골리카' 시대에 동서 상업이 크게 발전했다고 이야기했다. 그런데 교역이 발전하고 사람들의 이동이 잦아지면서 1350년 무렵 유럽에서는 흑사병(페스트)이 유행했다. 중앙아시아의 설치류가 페스트균을 유럽에 전파한 것이다. 흑사병으로 인해 유럽 인구가 3분의 2로 줄어들자 노동력이 부족해지며 한시적으로 노동 임금이 폭증했다. 점차 인구가 회복되며 임금 상승률은 떨어졌지만 늘어난 인구를 감당할 만큼의 식료품이 부족해졌다.

유럽에서 이 현상이 두드러졌던 시기는 1550~1650년 무렵이었다. 이 시기의 유럽은 부족한 식료품을 충족할 수 있는 곡창지대가 필요했다. 발트해 지방, 그중에서도 폴란드가 유럽 최대의 곡창지대로 부상했다. 폴란드 곡물을 네덜란드의 암스테르담에 소속된 선박들이 유통했다. 유럽의 식량난을 해소한 발트해 무역을 두고, 네덜란드에서는 '젖줄'이라 부를 만큼 발트해 무역은 네덜란드 상인들에게 막대한 이익을 선사했다.

네덜란드가 발트해 무역에서 사용한 선박은 플뢰위트(Fluijt, 영어로는 Fluyt)라고 불린 비무장 화물선(상선)이었다. 플뢰위트는 수송 비용이 무척 적게 들었던 상선이었다. 여러 국가가 속속 플뢰위트에 수송을 맡겼다는 사실만 봐도 알 수 있다. 플뢰위트의 적재 공간은 정사각형 꼴이라 수송할 수 있는 총량이 많았다. 더불어 당시 발트해에는 지중해와는 달리 해적도 없었다. 따라서 무장 비용도 들지 않았다.

네덜란드 선박의 다수는 단치히(현재의 폴란드 그단스크)에서 암스테르담으로 떠났다. 그리고 암스테르담에서 다른 지역으로 곡물을 수송했다. 이 시대의 서유럽을 무역 면에서 요약하자면, 단치히와 암

플뢰위트 선박

스테르담을 추축樞軸으로 곡물이 움직였다고 봐도 좋다. 16세기 말부터는 곡물을 실은 네덜란드 선박이 지중해에도 진출한다. 이로써 네덜란드는 북유럽뿐만 아니라 유럽 전역의 중간상인이 됐다. 16세기 후반부터 17세기 전반, 네덜란드는 유럽의 경제적 패권을 장악하며 최대의 중간상인으로 부상했다.

북해와 발트해의 중요성

지중해와는 달리 북해·발트해의 상업은 지금까지 그다지 관심을 끌지 못한 주제였다. 사실 지중해가 아니라 북해에 인접한 네덜란드와 영국에서 자본주의가 태동했다는 사실을 고려하자면 이상한 일이 아닐 수 없다.

7장에서는 바이킹, 한자동맹 상인, 그리고 네덜란드인 같은 북유럽 중간상인의 변천사를 살펴보았다. 이 시기 네덜란드인은 중간상인으로서 이탈리아인보다 중요해졌다. 이는 지중해보다도 북해·발트해가 경제적으로 더 중요한 지역이 되었다는 점을 의미한다.

북해 연안의 네덜란드와 영국은 해운업을 발전시켰다. 그러나 이 두 나라에는 큰 차이가 있었다. 네덜란드인이 세계의 중간상인이었던 것과 달리 영국인은 자국 상업망 내부의 해운을 자국선으로 운영하는 수준에 불과했기 때문이다. 영국이 네덜란드를 뛰어넘어 전 세계의 중간상인으로 활약하게 된 시기는 19세기 후반이었다.

8장

포르투갈과 에스파냐

대항해시대의 선두주자

대항해시대란, 15세기 중반 무렵부터 18세기 중반 무렵에 걸쳐서 유럽 선박이 세계를 누빈 시기를 말한다. 대항해시대를 이끈 두국가는 이베리아반도에 있는 포르투갈과 에스파냐다. 양국은 해외식민지를 정치적으로 지배했다. 더 나아가 세계의 '운반책'으로도 활약했다. 상인은 때로는 정부와 결탁하고, 때로는 독립적인 조직을 만들어 전 세계에 상품을 실어날랐다. 대항해시대가 되자 세계는 점점 더 긴밀해졌다. 세계가 단일화되는 흐름을 포르투갈 상인과 에스파냐 상인이 선두에서 이끌었다.

포르투갈과 에스파냐의 세계 분할

이베리아반도의 두 나라가 세계를 분할한 '이론적 근거'는 무엇일까? 두 가톨릭 국가 입장에서 세계는 유일신의 창조물이다. 따라서 어떤 땅을 어느 국가가 소유하는지는 신, 나아가 그 신의 대리인인 로마 가톨릭의 교황이 결정할 수 있다. 종교개혁 이전의 로마 교황에게는 세계를 분배할 권리가 있는 셈이다. 이런 사고 위에 에스파냐와 포르투갈에 의한 '세계 분할'이 성립된다.

우선 알카소바스 조약1479년이 체결된다. 이 조약은 "에스파냐와 포르투갈이 마땅히 세계를 분할한다."라고 천명하면서 양국끼리 해외 영토의 소유 범위를 정했다. 에스파냐가 카나리아 제도를 영유하는 대신, 포르투갈은 아프리카 연안, 마데이라 제도, 아조레스 제도, 카보베르데 제도를 차지했다. 이런 상황은 1492년, 에스파냐의 후원으로 신세계가 '발견'되면서 큰 변화를 맞이한다. 교황 알렉산데르 6세Alexander VI가 "카보베르데 제도 서쪽 100레구아Legua*를 경계로, 그 서쪽은 에스파냐에 우선권이 있다."라고 결정했다. 이 결정이 자국에 불리했던 포르투갈은 강력히 항의했다. 2년 뒤인 1494년, 경계선을 서쪽으로 약 1900km 물리는 데에 양국이 동의하고 새로운 경계선을 정한다. 바로 토르데시야스 조약이다. 그러나 이 조약도 다시 변경된다. 1523년, 마젤란 일행이 세계 일주에 성공한 이후 지구는 둥글기에 하나의 선으로 분할될 수 없다는 사실이 증명되었기 때문이다.

애초부터 이 다툼의 최대 쟁점은 향신료 산지인 말루쿠 제도를 누가 갖는지였다. 1529년, 동경 145도 30분을 통과하는 자오선을 분할선으로 정한다. 분할선 서쪽은 포르트갈령, 동쪽은 에스파냐령이 된다. 문제의 말루쿠 제도는 포르투갈령에 속하게 되었다. 동남

---

* 1레구아는 오늘날 약 5.5km다.

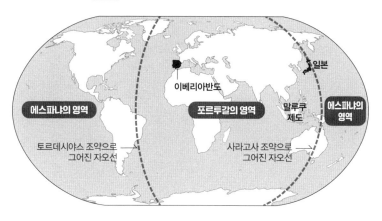

지도16 토르데시야스 조약과 사라고사 조약

이베리아반도

일본

에스파냐의 영역

포르투갈의 영역

말루쿠
제도

에스파냐의
영역

토르데시야스 조약으로
그어진 자오선

사라고사 조약으로
그어진 자오선

아시아 대부분이 포르투갈에 속하게 되었다. 포르투갈 역사에서는 이때가 '최초의 황금시대'였다. 물론 포르투갈이 가진 강력한 군사력과 대항해시대를 거치면서 발전한 항해술이 월등했기에 실제로 땅을 영유하기가 유리했다. 포르투갈인이 일본에 도착한 사건도 이와 똑같다. 즉 '세계 분할'이란 가톨릭 세계가 본인들 멋대로 만든 논리다. 그런데 이 이상한 논리가 가톨릭에만 그치지도 않았다. 프로테스탄트 국가들도 이어받아 유럽의 제국주의를 정당화는 이론으로 변모했다. 그리고 그 이론은 유럽이 세계에 진출해 각 지역을 식민지화하고, 세계의 상품을 운반하는 중간상인이 되는 길을 열었다.

사하라사막 종단교역

대항해시대는 어떻게 시작했을까? 애초 지중해 북부와 남부는 고대 로마에 의해 정치적으로 통일된 지역권이었다. 지중해 세계는 상업적으로도 일체화된 공간이었다. 그 상업 공간을 최초로 만든 집단이 페니키아인이고, 페니키아인의 후계자가 로마인이었다는 사실은 이미 2장에서 살펴봤다. 이러한 통일성은 7세기 이슬람 세력의 침입으로 와해했다. 이후엔 대략 지중해 북부는 유럽인, 지중해 남부(북아프리카 지역)는 이슬람이 지배했다. 아프리카에서는 오늘날 모로코, 알제리 땅에 건국된 무라비트 왕조1056~1147년, 모로코에 세워진 무와히둔 왕조1130~1269년에 의해 이슬람교가 들어왔다. 아프리카는 북부 지역에서 중앙부에 이르기까지 이슬람화됐다. 이슬람교도의 유럽 포위망이 더욱 강고해지고 있었다.

유럽인에게 이슬람의 포위망은 큰 문제였다. 예를 들어, 이슬람 상인의 손을 거치지 않는다면 서아프리카에서 채굴된 금을 입수할 수 없었다. 그런데 10세기 중반이 되자 낙타를 이용해 사하라사막을 남북으로 가로지르는 종단교역이 성립한다. 낙타는 물 없이도 며칠간 생존하고, 먹을 수 있는 식물의 종류도 많다. 사막에서도 잘 걸으며 적재할 수 있는 중량이 약 136~158kg이다. 사막 활동에 적합한 동물을 찾은 것이다. 이 교역에서 거래된 주요 상품은 암염(돌소금)과 금이었다. 그런데 이 두 상품은 각자의 생산지에서 거래가 이뤄지는 것이 아니라 중계무역으로 거래되었다. 여기서도 중간상인이 활약하고 있었던 셈이다.

중계무역 거점으로는 통북투*가 대두했다. 정확히 말하면, 1030~ 1040년 무렵 현재의 말리 공화국 북단에 자리한 타가자Taghaza에서 양질의 암염(소금) 광산이 개발된 것이다. 또한 기니에서 생산된 대량의 금도 유럽으로 유입됐다. 이 금은 특히 지중해 연안 지역 사람들에게 인기가 많았다.

말리 제국과 송가이 왕국

1240년 건국한 말리 제국1240~1473년의 영토는 세네감비아에 있는 세네갈강 북부에서 감비아강 남부에까지 이르렀다. 말리 제국은 상업 촉진 정책을 추구했다. 정치적으로 안정돼 있어서 경제적인 번영을 누릴 수 있었다. 모로코 출신 여행가 이븐 바투타1304~1377년는 아프리카, 인도, 중앙아시아, 중국, 동로마 제국 등을 여행하고《여행기Rihla》를 썼다. 그는 말리 제국이 법으로 자국을 다스리는 모습에서 강한 인상을 받았다고 저서에 기록했다.

말리 제국 국왕 중에는 만사 무사재위: 1312~1337년가 아마도 가장 유명할 것이다. 말리 제국에는 전통적인 종교가 있었으나 점차 이슬람교의 힘이 강해졌다. 만사 무사는 이슬람교도라서 메카 순례를 할 때 엄청난 양의 금을 바쳤다. 서아프리카에 얼마나 많은 금이 매장돼 있었는지를 보여주는 일화다. 말리 제국에서는 통북투와 젠네

---

* 현재의 말리 공화국에 있는 도시로, '팀북투'라고도 한다.

Dienné 등 교역도시가 크게 발전했다. 이 두 도시의 상품 운반은 주로 나이저강을 오가는 선박이 담당했다. 통북투에서는 사하라사막을 건너온 황금과 젠네의 삼림지대에서 가져온 암염이 교환됐다. 말리 제국의 경제적 기반은 이 황금-소금 무역에 있었다. 추정컨대 이 교역에서도 중간상인이 활약했다.

말리 제국을 무너뜨리며 세워진 송가이 왕국1464~1591년은 오늘날 수단의 서쪽 지역 대부분을 지배하면서, 북아프리카 지역을 상대로 개시된 사하라사막 종단교역으로 번영을 누렸다. 북아프리카 여행가 레오 아프리카누스Leo Africanus는 16세기 초에 송가이 왕국의 수도였던 가오를 여행하고, 장거리 교역이 서아프리카 생활에 끼친 영향이 무엇인지 서술하였다. 사하라사막 종단교역이 이처럼 발전했기 때문에 포르투갈이 육상로에 끼어들어 서아프리카까지 진출하는 건 불가능했다. 포르투갈인은 해상로를 이용해 아프리카 시장에 진출할 수밖에 없었다.

포르투갈의 대외진출

포르투갈의 엔리케 왕자1394~1460년는 해상로를 통해 서아프리카로 진출하기로 결심했다. 항해와 선박에 깊이 심취했던 이 왕자는 1420년 마데이라 제도, 1431년 아조레스 제도에 포르투갈 배를 보냈다. 포르투갈은 아프리카대륙을 점차 남하해 1444년, 사하라사막 최남단에 도달했다. 포르투갈은 이슬람의 사하라사막 종단교역에 의존하지 않고 직접 아프리카 남부의 금을 손에 넣을 수 있게 됐다. 포르투갈은 1480년 말리 제국 수도 통북투에 도달했고, 1488년에는 포르투갈 탐험가 바르톨로메오 디아스Bartolomeu Dias가 희망봉에 도착한다.

포르투갈이 해상로를 이용해 아프리카에 출항한 목적은 이슬람 상인의 간섭을 배제하고 아프리카 기니에서 직접 금을 가져오기 위해서였다. 1490년에 이르면, 포르투갈인은 앙골라 해안부 루안다에 식민지를 세우고 노예무역 거점을 구축한다. 이때에는 이미 대항해시대가 시작됐다고 보아도 좋다. 1494년 토르데시야스 조약이 체결된다. 1498년에는 바스쿠 다가마 함대가 인도의 서쪽 항구도시, 캘리컷(오늘날 코지코드)에 도착한다. 포르투갈의 아시아 진출이 본격적으로 시작된 것이다.

이후 포르투갈은 아시아로의 진출을 강화한다. 화약 무기를 확보한 유럽이 아시아보다 군사적으로 월등해진 상황이었다. 포르투갈 국왕 마누엘 1세는 1497~1506년 사이에 인도 원정대를 총 8회 파견했다. 1503년에는 아폰수 드 알부케르크*가 이끄는 11척의 함대가 캘리컷 군대에 점령당한 인도 남서부 항구도시, 코친(코치)을 '구원'하고자 캘리컷 군대를 격파한다. 이후 코친 아래에 있는 '퀼론Quilon(콜람Kollam)'에 포르투갈 상관을 세웠다. 1505년에는 프란시스

---

* 포르투갈의 군인, 정치가, 항해사였다. 포르투갈이 아시아 무역과 인도양 교역망을 장악하도록 앞장선 인물이었다.

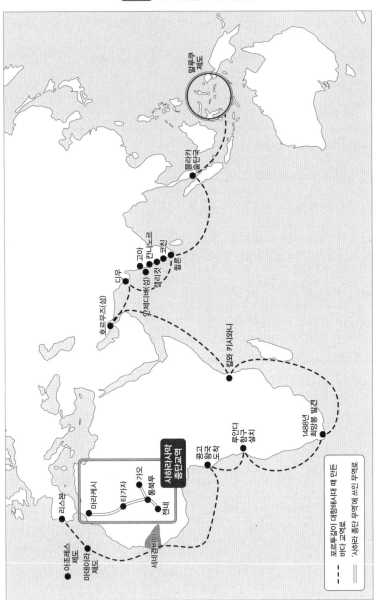

포르투갈은 아프리카-인도-동남아시아를 바닷길로 연결하였다. 종래의 사하라사막 종단교역로나 이슬람
상인의 중계무역을 거치지 않은 새로운 길을 개척한 것이다.

쿠 드 알메이다*가 1500명의 선원과 함께 포르투갈을 출항, 동아프리카의 '킬와 키시와니'를 식민지화하고 요새를 건설한다. 나아가 인도양의 안제디바섬, 칸나노르, 코친 등에도 포르투갈 요새를 세웠다.

1509년에는, 알메이다가 아라비아해의 디우 해전에서 이슬람교의 맘루크 왕조를 격파한다. 디우 해전에서의 승리로 포르투갈은 아라비아해를 확실하게 지배하게 된다. 디우는 이슬람 상인에게 남겨진 인도 서안의 최후 거점이었으나 이를 포르투갈이 확보하게 되면서 유럽이 마침내 이슬람의 포위를 벗어났다. 이어서 알부케르크가 1510년 인도의 고아를 점령하고 강고한 요새를 건설하였다. 이후 고아는 포르투갈의 인도 거점이 됐다.

당시 포르투갈의 아시아 무역에서 가장 시급한 과제는, 동남아시아의 말루쿠 제도를 점령하는 것이었다. 숙적 에스파냐가 태평양을 경유해 말루쿠 제도를 선점하려고 시도하는 중이었다. 이에 알부케르크는 믈라카 술탄국을 1511년에 멸망시킨다. 믈라카에 파모사 요새A Famosa를 건설한 알부케르크는 1512년 말루쿠 제도의 테르나테섬에 도착했고, 탐험대는 반다 제도에 연이어 도달했다. 더불어 알부케르크는 1515년에 페르시아만의 호르무즈섬까지 공략하는 데에 성공한다. 결과적으로 포르투갈은 장기간에 걸쳐 서아프리카—동아프리카—페르시아만—인도양—동남아시아의 말루쿠 제도

---

*　포르투갈의 귀족이자 군인으로, 초대 인도총독으로 부임한 인물이다.

에 이르는 해상교역로를 장악했다.

유럽인은 향신료를 얻기 위해 오랫동안 동남아시아 무역에 의존했다. 동남아시아에서 유럽에 도달하는 수입 화물선은 많았고, 그 과정에서 유럽 밖 화물선이 사용되었다. 그러나 포르투갈이 바다를 확보한 순간부터 유럽인이 유럽의 배를 이용해 향신료를 수입할 수 있게 되었다.

이탈리아와 포르투갈의 차이

유럽은 아시아에서 향신료를 수입하였으나 아시아에 수출할 수 있는 물품은 거의 없었다. 이런 비대칭적인 구조가 장기간 지속되었다. 유럽이 아시아와의 무역에서 적자를 메우는 방법은, 은銀을 수출하는 것 외에는 없었다. 무역수지로만 보면 당시는 아시아의 경제력이 유럽보다 월등히 우수했다.

인도에 집결된 향신료는 페르시아만을 거쳐 이집트의 알렉산드리아를 통해 이탈리아로 보내졌다. 이것만 봐도 향신료 교역에서 이탈리아가 차지하는 비중이 크지 않았음을 알 수 있다. 교역 거리로 봐도 이탈리아는 향신료 무역 담당자로서는 그리 비중이 높지 않다. 이탈리아 상인은 유럽에서는 중요할지 몰라도 향신료 무역로 전체에서는 대단한 역할을 맡았다고 평가할 수 없다. 향신료 무역에서 중요한 역할을 맡은 집단은 오히려 이슬람 상인이다.

그러나 유럽이 서서히 경제력을 확보했다는 점에 주목해야 한

나가사키 항구에 정박한 포르투갈의 카락 선박

다. 경제력을 확보하는 과정이 길고 그 속도가 실로 느리긴 했지만, 18세기에 이르면 유럽과 아시아의 경제력은 대등해진다. 그때야 비로소 이문화 교역이 동쪽에서 서쪽으로가 아니라, 서쪽에서 동쪽으로 향하게 되었다. 거꾸로 말하면, 향신료가 유럽으로 수송되는 교역로가 본래 존재했기 때문에, 그 교역로를 타고 유럽이 세계로 뻗어나갈 수 있게 된 것이다.

이탈리아와는 달리 포르투갈은 자국 선박으로 희망봉을 통과해 동남아시아까지 갔다가 유럽으로 돌아왔다. 포르투갈의 모험에 이슬람 상인은 개입할 수 없었다. 포르투갈인은 일본까지 도달했고, 일본에서 중국으로 수출하는 은과 중국에서 일본으로 수출하는 생사와 면직물을 실어 날랐다. 이탈리아 상인이 유럽 내부의 중간상인이라면, 포르투갈 상인은 전 세계의 중간상인이었다.

에스파냐와 신세계

에스파냐에서는 장기간에 걸쳐 레콩키스타(국토 회복 운동)가 진행되었다. 이슬람교도를 이베리아반도 밖으로 몰아내자는 정치·군사운동이었는데, 15세기에 들어 본격화했다. 1469년 카스티야의 왕녀 '이사벨'과 아라곤의 왕자 '페르난도'가 결혼했다. 그리고 1479년에 페르난도가 아라곤의 국왕이 되면서 카스티야와 아라곤은 통합 에스파냐 왕국으로 거듭났고, 두 사람은 통합 왕국의 공동 통치자로 즉위했다. 이 왕국은 1492년 1월, 이슬람교 국가 '나스르 왕조'의 최후 거점인 그라나다를 함락하여 이슬람 세력을 이베리아 땅에서 추방했다. 이로써 국토 회복 운동을 완성했다.

국가 통일의 기쁨에 젖은 에스파냐는, 이탈리아 출신 콜럼버스의 항해를 적극적으로 후원하였다. 알다시피 콜럼버스의 목적은 인도였으나 실제로는 오늘날 카리브해에 도착했다. 에스파냐와 '신세계'의 인연은 콜럼버스가 아메리카에 도착하면서 시작됐다. 콜럼버스가 발견한 땅이 지금까지 몰랐던 미지의 대륙이라는 사실이 밝혀지는 데에는 그리 오랜 시간이 걸리지 않았다. 다만 콜럼버스는 죽을 때까지 자신이 인도에 도착했다고 생각했다.

에스파냐인 중에는 신세계에서 일확천금을 얻겠다는 사람도 더러 있었다. 그들은 '콩키스타도르(정복자)'라고 불렸다. 잉카 왕국을 정복한 '프란치스코 피사로', 아즈텍 제국을 멸망시킨 '에르난 코르테스'가 대표적인 콩키스타도르다. 그들은 아메리카의 황금을 약탈하고, 남미 땅의 다수를 식민지로 삼았다. 현재 남미에서, 브라질 이외의 거의 모든 지역이 에스파냐어를 공용어로 사용하는 역사적인 이유가 바로 이것이다.

설탕과 카카오

에스파냐는 1517년 처음으로 서아프리카에서 아메리카의 자메이카로 흑인노예를 끌고 갔다. 이를 계기로 신세계에서 유럽으로 사탕수수를 들여오게 되었다. 이미 콜럼버스가 1493년 제1차 항해에서 사탕수수를 싣고 떠났다. 따라서 에스파뇰라섬에서 에스파냐의 사탕수수 생산이 시작됐다. 에스파냐는 카리브해 지역의 정당精糖업(설탕산업)을 지원하기 위해 다수의 흑인노예를 해당 지역으로 보냈다. 1717년까지 에스파냐의 남서부 도시 '세비야'가 신세계와의 무역을 독점이라 불러도 과언이 아닐 만큼 압도적으로 주도했다.

에스파냐가 합스부르크 제국에 편입된 후에는 합스부르크 가문을 비롯한 독일 금융업자와 에스파냐 상인의 연계가 강화되었다.[*] 나아가 안트베르펜이라는, 세계 금융의 중심지와 에스파냐 상인이 직접 연결됐다. 이에 따라 에스파냐 경제는 에스파냐령 네덜란드[**]

---

[*] 에스파냐의 국왕이었던 카롤로스 1세는 1591년에 조부의 뒤를 이어 합스부르크 왕조의 신성로마제국 영토를 계승하고 독일의 황제로 즉위한다. 이에 따라 그는 에스파냐에서는 카롤로스 1세, 신성로마제국(독일)에서는 카를 5세로 불리었다. 그는 에스파냐 역사에서 가장 광대한 영토를 지배한 군주였으나 에스파냐의 국력을 유럽 내 전쟁에 동원하여 이베리아반도의 힘을 약화하기도 하였다.

[**] 16세기 말엽 북부 네덜란드가 독립한 후부터 18세기 초까지 에스파냐의 지배를 받았던 남부 네덜란드를 일컫는다.

의 위성 수준으로 전락하였다. 세비야 상인은 프랑스, 영국, 포르투갈, 독일, 네덜란드 등의 대리상으로 전락했다. 식민지에서 에스파냐로 수출된 상품은 주로 안트베르펜을 경유해 전 유럽으로 빠져나갔고, 여기에 여러 전쟁까지 겹치면서 에스파냐 재정은 크게 악화했다.

신대륙에 처음 사탕수수를 가지고 들어온 국가는 에스파냐였다. 그런데 매우 예외적이지만, 설탕 무역이 경제적으로 가장 중요하다고는 말할 수 없었던 17세기에는, 사실 카카오 무역이 에스파냐-중미 무역의 생명선이었다. 17세기에는 오늘날 베네수엘라 지역에서 멕시코로 수출된 카카오의 양이 대폭 증가한다. 그 카카오는 에스파냐 남서부에 자리한, 대서양 교역의 최대 무역항이던 카디스Cádiz로 대량 유통되었다.

에스파냐령 중남미의 설탕 무역은 19세기에 들어서며 더욱 중요해졌다. 예를 들면 1820년대에는 쿠바에서 독일 함부르크로 대량의 설탕이 유입된다. 1840년대가 되면 쿠바가 세계 최대의 설탕 생산지가 되는데, 이로 인해 쿠바의 사탕수수 농장에 노동력을 공급하는 노예무역의 횟수가 크게 증가하였다.

중남미산 은이 수출되는 세 가지 경로

1545년, 현재의 볼리비아에 해당하는 지역에서 '포토시 은광'이 발견된다. 곧이어 포토시 외에도 중남미에서 은광이 속속 발견된다. 이때부터 은이 에스파냐에 유입되었고, 곧이어 안트베르펜으로도 보내졌다. 안트베르펜은 유럽 경제의 중심 도시였을 뿐만 아니라 에스파냐 왕 펠리페 2세가 다스리는, 에스파냐 밖의 영토 중에서 가장 중요한 곳이었다. 포토시 은광의 은 생산량 추계에 따르면 1571~1575년 연평균 4만 1048kg이던 생산량이, 1591~1595년에는 21만 8560kg으로 대폭 상승하였다.

그렇게 채굴된 은의 다수는 중국으로 향했다. 당시 중국(명나라)은 세계에서 물자가 가장 풍부한 국가였다. 백성이 세금으로 납부하는 기본 화폐가 '은'이었기 때문에 다량의 은이 필요했다. 게다가 당시 유럽은 은 외에는 중국에 수출할 만한 물품이 거의 없었다.

1571년에는 에스파냐인들이 필리핀의 마닐라에 도시를 건설한다. 마닐라는 에스파냐 상인에게는 아시아에서 가장 중요한 도시였다. 1650년 마닐라에는 약 1만 5000명의 중국인, 7350명의 에스파냐인, 2만 124명의 필리핀인이 있었다. 그중에는 본국의 쇄국정책으로 귀국길이 막힌 일본인도 있었다. 아르메니아인의 존재도 확인된다. 즉 마닐라는 이문화 교역의 중심지였던 셈이다. 에스파냐인이 비교적 쉽게 무역에 끼어들 수 있는 조건이 일찍이 형성되어 있었던 것이다.

신세계에서 중국으로 은이 수출된 경로는 크게 세 가지로 나뉜다. 첫째, 멕시코의 아카풀코에서 마닐라까지 에스파냐의 갈레온Galeón이 운항하는 경로다. 에스파냐의 갈레온 선박은 돛대가 4~5개였다. 안정성이 떨어져 선박이 뒤집히는 경우가 종종 있었다만 흘수가 낮아 속도가 빠르고 포격전에 적합했다. 16세기 후반 무렵부터 17세기 전반에 걸쳐 아카폴코-마닐라 사이의 교역은 대체로 비합법적 상업이라 수송량을 정확하게 추산하기는 어렵다. 다만 1602년 멕시코 당국의 기록에 따르면, 매년 은 수송량이 통상 14만 3750kg이었던 것에 비해 1597년 한해 총계는 그보다 2배 이상인 34만 5000kg이나 되었다.

둘째, 상당량의 은이 멕시코에서 파나마 해협을 통과해 에스파냐의 세비야에 도착한 경로다. 거기서 포르투갈인이 비합법적으로 빼돌린 은들은 포르투갈의 수도 리스본에서 희망봉을 거쳐 인도의 고아까지 수송됐다. 추정컨대 포르투갈인은 16세기 후반부터 17세기 초에 걸쳐 고아에서 마카오로 매년 6000~3만kg의 은을 보냈다.

에스파냐의 갈레온 선박

셋째, 신세계에서 에스파냐의 세비야로 간 은이 런던과 암스테르담으로 보내진 경로다. 그 은들은 영국과 네덜란드의 동인도회사로 이동되었고, 동남아시아에 있는 동인도회사는 그 은을 중국산 비단과 도자기 등과 교환하였다.

일본의 은 수출

신세계만큼이나 일본에서 채굴된 은도 중국에 대량으로 수출됐다. 당시 전 세계 은 생산량의 3분의 1을 일본이 차지했다. 일본은 중국에서 비단錦, 견絹, 생사, 차 등을 수입하고 그 대가로 은을 수출했다.

1590년 무렵부터 포르투갈인은 매년 20t 정도의 일본산 은을 유통한 것으로 추계한다. 그 은이 주로 중국으로 유입됐는데, 그 과정에 개입한 포르투갈인 중 다수가 예수회 선교사였다. 그들은 중국‒일본‒동남아시아를 연결하는 중계무역을 펼쳤다. 중국에서 생사와 견직물을 구입하고, 그것들을 일본에서 은과 교환했으며, 일본에서 얻은 은으로 동남아시아에서 향신료를 확보했다. 오늘날 시마네현에 있는 이와미 은광에서 중계무역에 쓰인 은을 채굴했다. 이와미 은광에서 채굴한 은이 주로 중국으로 수출되긴 했어도, 포르투갈이 동남아시아에 식민지를 가지고 있었기 때문에 일부는 동남아시아로 흘러갔다. "Silk for Silver"라는 무역 형태가 일본에서도 구현된 셈이다. 물론 일본의 은이 수출된 범위는 신세계의 범위와

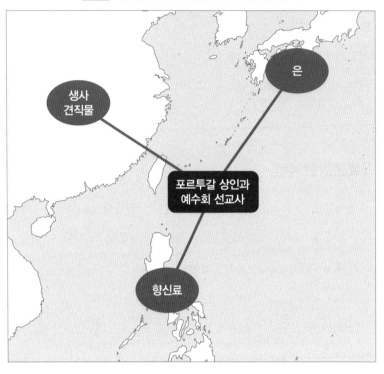

지도18 대항해시대 포르투갈의 아시아 중계무역

비교하면 압도적으로 협소하다. 따라서 유통의 관점에서는 신세계의 은이 훨씬 중요하다.

세계화된 교역망

앞서 살펴본 중간상인은 '세계적'이라 평가할 만한 활동을 하진 않았다. 세계를 무대로 활약한 중간상인은 이베리아반도의 두 나라 사람들이다. 포르투갈은 서아프리카의 금을 손에 넣기 위해 이슬람교도가 지배하던 사하라사막 종단교역로를 피해 아프리카를 남하했다. 서아프리카에 도착한 뒤에도 계속 남하해 희망봉을 거쳐 인도를 향해 나아갔을 뿐 아니라, 동남아시아를 지나 일본에까지 이르렀다. 그리고 일본과 중국 사이의 중계무역도 벌였다.

에스파냐는 서쪽으로 갔다. 콜럼버스의 '신세계 발견' 후, 중남미를 식민지화하고 신세계의 은을 태평양을 거쳐 마닐라까지 실어날랐다. 포르투갈과 에스파냐는 이전까지의 중간상인과 비교해 압도적으로 큰 상업권에서 활동했다. 그것이 대항해시대의 큰 특징이다.

9장

대영제국

수수료 자본주의의 설계자

영국은 18세기 후반에 세계 최초로 산업혁명을 실현했지만, 무역 수지는 흑자를 낸 적이 거의 없었다. 산업혁명의 상징국가가 공업 제품으로 이익을 본 적은 상당히 적었다는 뜻이다. 19세기 말 영국 경제의 중심은 공업이 아니라 금융업과 서비스업이었다. 상선 무역 이 발전했던 영국은 세계의 상품 수송을 담당했다. 또한 런던에서 는 국제무역에 필요한 비용을, 주로 영국제 전신을 사용해 결제됐 다. 전신이 영국의 경제를 떠받치게 되면서 영국은 세계 경제를 장 악한 패권국으로 우뚝 솟았다.

　영국은 '보이지 않는 수단'을 상업의 매개로 삼았다. 영국은 전신 을 매개로 세상을 연결하는 중간상인으로 변신해 거액의 이익을 확 보했다. 전신은 커미션 비즈니스, 즉 수수료 산업을 크게 확장하면 서 영국에 막대한 이익을 안겨주었다. 8장까지는 사람, 물품, 돈, 정 보가 하나로 뭉쳐 이동했다. 그러나 전신이 탄생한 이후 돈과 정보 는 사람과 물품의 이동에서 분리되었다. 사람이 아닌 전신 자체가 중간상인이 되어 돈과 정보를 전달하는 시대가 도래했다.

소비재의 증가

'직물'이라 말하면, 바로 '상품 생산'이 머리에 떠오를지도 모르겠다. 하지만 직물도 소비재다. 소비재가 증가한다는 건 그만큼 사회가 풍요로워졌다는 뜻이다. 시장경제가 성장하면서 사람들은 가내수공업으로 생산하는 물량보다 훨씬 많은 물품을 확보하였다. 유럽 경제는 이런 식으로 발전했다.

유럽 경제의 발전 과정은 유럽의 대외진출과 밀접하다. 유럽인이 시장에서 새롭게 얻은 상품의 다수는 유럽 밖에서 수입한 것이다. 예를 들어 커피, 홍차, 면綿 등이 그러하다. 그중 면은 본래 인도에서 생산된 것으로, 이후 중국 등지에서도 생산이 가능해졌다. 유럽권의 기후는 대체로 면화 재배에 적합하지 않았다. 유럽이 고를 수 있는 선택지라고는 유럽 밖 세계에서 면화를 재배하는 것 외에는 없었다. 그렇게 신세계에서 재배한 면화를 본국에 가져와 면직물을 만들게 되었다.

세계의 공장

대서양 무역이란 서아프리카에서 신세계에 노예를 공급해 설탕을 생산하는 시스템이었다. 18세기, 특히 그 후반의 유럽에서 가장 큰 이익을 남긴 비즈니스는 설탕무역이었다. 유럽 각국이 신세계에 식민지를 두고 사탕수수 및 설탕 플랜테이션을 건설하려 했다. 그런데 카리브 제도를 식민지로 삼았던 영국은, 서인도 제도에서 아프리카 출신 노예들이 재배한 면화를 본국에 가져와 면직물 완제품을 생산하는 시스템 구축에 성공했다.

영국은 날염공업에 필요한 원료를 신세계와 인도에서, 면의 원료인 면화는 신세계에서 수입했다. 영국은 이와 같은 방식에 '공장'이라는 생산수단을 결합한 공급 방식을 영국 본토에 도입했다. 인도에서는 면을 수제로 생산할 때, 영국에서는 공장으로 생산했다. 영국의 면직물 생산량은 1770~1790년에 이전의 10배가 되고, 이후 12년간 이전 생산량의 12배를 달성했다. 그런데도 영국 내 면직물 생산량은 1820년대까지도 인도에서의 생산량을 밑돌았다. 영국에서의 면 생산량이 비약적으로 증가한 시기는 그 이후였다.

1830년대가 되면 영국 면직물 생산액은 그동안 영국의 국민적 산업이었던 모직물 생산액을 상회했을 뿐 아니라, 인도의 면직물 생산액도 뛰어넘는다. 그때의 영국은 명실공히 '세계의 공장'이었다. 영국은 공장 체제를 정착시키는 데에 성공하며 세계 최초로 공업국가로 발돋움하였다. 영국이 구축한 새로운 시스템이 승리한 것이다.

영국 면직물 생산의 중심지는 맨체스터였다. 1750~1774년 영국 수출 분야의 48~86%를 차지했을 정도였다. 유럽에서도 손꼽히는 노예무역항 리버풀이 맨체스터에서 불과 몇 마일 밖에 떨어져 있지 않았다. 노예 노동력을 공급하는 무역항구 리버풀과의 연계가 맨체스터 지역이 발전할 수 있었던 원동력이었다.

영국은 아시아에 면직물을 수출하면서 아시아와의 무역수지를 흑자로 전환했다. 나아가 유럽과 아시아 무역수지도 역전됐다. 동서 무역의 우위가 뒤집힌 것이다. 이는 아마도 역사상 최초의 반전이었을 테다. 또한 해운업이 발전하면서 영국은 자국 선박으로 면직물을 수송할 수 있었다. 면직물의 생산뿐 아니라 유통까지 지배하게 된 것이다.

네덜란드를 이기기 위한 항해법

근세 유럽에서는 수송 비용이 대단히 높았다. 중계무역 비중이 큰 탓이었다. 이는 매우 중요한데도 종종 간과하는 사실이다. 중계무역에 종사하는 사람들, 즉 중간상인에게 빠져나가는 비용에 주목하지 않은 탓이다.

17세기 유럽에서 가장 중요한 중간상인은 네덜란드인이었다. 네덜란드 선박이 유럽 전체 선박 수의 3분의 1 혹은 절반을 차지했다는 가설도 있다. 네덜란드는 유럽 최대의 중계무역 국가였다. 그래서 네덜란드에 넘어가는 비용을 줄이고자 자기 나라 선박과 교역로를 증대할 목적으로 보호무역 정책*을 추진하는 나라도 있었다. 다시 말해 네덜란드에 대항하고자 수송 비용이 낮은 선박을 건조하고, 네덜란드인이 쥐고 있던 물류 시스템을 자국 수송 시스템으로 전환해 경제력을 높이려고 한 나라가 있었다. 바로 영국이었다.

---

* 자국의 산업을 보호하기 위해 국제무역에 정부가 개입하는 경제정책이다.

영국은 네덜란드와 경쟁하면서 해운업을 지배하고 물류를 통제하는 것이 얼마나 중요한지를 배웠다. 영국은 국가 주도의 해운업 중시 정책이 성공한, 당시로서는 거의 유일한 국가였다. 영국이 세계 경제의 패권을 장악한 원동력으로 산업혁명이 자주 거론되지만, 산업혁명 이전에 네덜란드의 수송 패권을 극복했다는 점도 잊어선 안 된다. 이후 영국은 산업혁명을 진행하는 한편, 중간상인에게 수수료를 지불하지 않고 면제품을 팔았다.

영국은 1651년부터 수차례에 걸쳐 항해법을 제정하고 개정했다. 이 법령의 핵심 골자로, 잉글랜드(영국)의 무역에는 반드시 잉글랜드 선박을 사용하도록 강제한 조항이 있다. 당시 영국은 수출-수입용 선박으로 네덜란드 배를 사용하지 않을 수 있다면 자국 교역망에서 네덜란드 세력을 완전히 축출할 수 있다고 확신했다. 수출이든 수입이든 영국 선박으로 수송한다면 해외 물류를 영국인이 장악할 수 있으리라 계산한 것이다.

17세기 영국의 경제정책은 훗날 19세기 대영제국을 세우는 데에 혁혁한 공을 쌓았다. 영국 경제학의 창시자로 불리는 애덤 스미스조차 항해법을 역대 영국 정부가 추진한 정책 중 가장 현명한 정책이라 평가했으니, 항해법 제정은 그만큼 중요한 전환점이었다.

영국의 해운업 발전

영국이 아주 오래전부터 해운업을 중시한 건 아니었다. 사실 영국은 해운업에서 다른 나라보다 열세였다. 1560년경에 해양국가로서 영국의 지위는 매우 낮았다. 네덜란드, 에스파냐, 포르투갈과는 비교조차 불가했다. 함부르크, 뤼베크 같은 도시와 비교해도 영국이 불리했다. 이러한 상황에서 영국은 국가가 주도해 해운업 발전을 촉진했다.

성공의 전환점은 앞서 이야기했듯이 청교도 혁명으로 잠시나마 공화국을 세운 호국경 '크롬웰'의 1651년 항해법 제정이었다. 영국은 국가 주도로 경제를 성장시켰다. 그리하여 영국인 소유의 선박 총톤수는 1572년 5만에서 1788년 105만 5000t으로, 200년 사이에 약 21배가 증가했다. 19세기 초반까지 농업을 제외한 영국의 최대 산업은 모직물 공업이었다. 산업혁명 이후 면직물 공업이 최대 산업으로 부상하지만, 모직물 공업 전성시대에도 해운업은 모직물 공업 다음으로 중요한 산업이었으며 비중도 매우 높았다. 이는 영국이 얼마나 유통업을 중시했는지 알려주는 증거이기도 하다. 게다가 해운업은 다수 인력의 고용을 창출하는 산업이어서, 고용 안정에도 크게 기여했다. 1660년 왕정복고 이후 영국은 무역량, 특히 유럽 바깥 세계와의 무역량이 비약적으로 증가했다. 영국 경제의 성장은 항해법과 그 이후의 역사를 빼고는 설명할 수 없다. 영국의 경제사가 랄프 데이비스Ralph Davis는 이를 '상업혁명'이라고 불렀다. 이 상업혁명 과정에서 영국은 더더욱 자국 선박을 애용했다.

영국은 대서양 무역뿐 아니라, 유럽 내부의 무역에서도 네덜란드를 이기는 데에 성공한다. 다른 나라들과 달리 대서양과 유럽 내부

무역권에서 국가가 무역 활동 자체를 관리하는 시스템 구축에 성공한 것이다. 이것은 영국만의 독자적인 성과였다. 사실 영국 이외의 나라들, 예를 들어 프랑스, 에스파냐, 포르투갈 등은 대서양 무역에서 자국 선박을 사용하면서도 북해와 발트해 지역과의 무역에서는 네덜란드 선박을 사용하곤 했다. 이와 달리 영국은 영국 선박만 사용하면서 자국의 상선과 해군에 막대한 이익을 선사했다. 또한 네덜란드인에게 수송료를 지불하지 않았기에, 국제수지 개선에도 큰 영향을 끼쳤다. 근세의 잉글랜드(영국)는 보호무역 정책이 아니라 해운업 보호정책을 추진했던 셈이다. 이 정책의 목적은 영국과 다른 나라 사이의 교역에서 영국이 지배권을 장악하는 데에 있었다.

최신 연구에서는 프랑스 혁명이 절정이던 18세기 말에 영국이 네덜란드를 제치고 유럽 최대의 해상국가로 성장했다고 이해한다. 19세기 제국주의 시대에 영국이 전 세계에 상품을 수송하는 국가로, 달리 말해 세계 물류를 지배하는 국가로 자리매김하기 위한 필요조건을 18세기 말에 이미 달성했다는 뜻이다.

19세기 초의 영국을 중간상인의 나라라고 평가할 수는 없다. 대영제국 내에서 사용된 배가 영국 선박이었다는 것에 불과하기 때문이다. 그렇지만 서서히 중간상인의 나라로 거듭나는 중이었다. 1870년 무렵부터는 영국산 증기선이 세계적으로 확산되면서, 영국이 세계를 연결하는 중간상인으로서 그 지위를 확립했다고 봐야 할 것이다.

라틴아메리카의 물류를 장악한 영국

현재 라틴아메리카에서는 보통 에스파냐어나 포르투갈어가 공용어로 쓰인다. 1815년에 나폴레옹 전쟁*이 종결되기 전까지는 수출품이 종주국인 에스파냐, 포르투갈에 수출되었다. 그런데 전후에는 라틴아메리카의 주요 설탕 수출처는 런던이었고, 그다음이 함부르크였다. 종주국과의 경제적 유대가 약한 에스파냐령 출신 국가들은 이를 계기로 차례대로 독립하였다. 그러면서 영국의 라틴아메리카 투자액이 크게 상승했다. 1826년 2500만 파운드였던 투자액이 1895년에는 5억 5000만 파운드, 1913년에는 11억 8000만 파운드로 대폭 상승하였다. 영국의 투자액을 분석해보면 공채公債가 가장 많은 비중을 차지했고, 그다음으로는 철도가 있었다. 라틴아메리카의 철도는 영국이 설치했다고 평가해도 과언이 아니다. 결국 라틴아메리카의 물류는 영국인들이 통제하게 되었다.

19세기 말에는 대서양을 횡단하는 증기선 정기항로가 신설됐다. 증기선이 정기적으로 사람뿐 아니라 화물도 실어나르게 됐다. 그 정기항로의 대다수를 영국 선박이 차지했다. 이 무렵 영국은 분명 세계 최대의 중간상인이었다. 세계는 점점 더 일체화되어 갔다. 영국의 증기선이 세계를 하나로 연결하는 데에 크게 공헌했다.

---

* 나폴레옹이 황제로 집권한 프랑스 제1제국 세력과 영국이 재정 및 군사적으로 주도하는 연합군 사이에서 벌어진 일련의 전쟁이다.

동아시아 해상무역을 장악한 영국

청나라는 1757년 이후 외국과의 무역을 광저우 항구 한 곳으로 제한했다. 오로지 광저우 항구에서만 서양 세력과 무역을 했던 것이다.[*] 그러나 아편전쟁 이후 1842년 난징(남경)조약을 체결하면서 광저우를 포함해 푸저우(복주福州), 샤먼(하문廈門), 닝보(영파寧波), 상하이(상해上海) 5개 항구가 개항된다. 이후 목조 범선 '정크(Junk, 한자로는 융극선戎克船)'보다 증기선이 더 많이 사용되었다. 중국에서 원양 항해뿐 아니라 연안 항해에서도 영국산 증기선이 주류를 차지하였다. 1902년 중국에서 원양 항해에 투입된 증기선 7224척 중 3726척이 영국산 선박이었다. 같은 해 연안 항해에서는 전체 1만 9749척 중 9789척이 영국산 선박이었다. 중국의 해상무역을 영국이 통제하게 된 것이다.

중국 선박 업계는 유럽계 증기선이 유입되면서 커다란 변화를 맞이했다. 물론 그 핵심은 영국 선박이다. 범선인 정크는 증기선과 비교하면 소형이었다. 속도는 적당했을지언정 바람의 영향을 받기 쉬웠다. 자연스레 아시아산 상품의 다수는 주로 영국 선박으로 수송되었다. 즉 아시아 내부 물류를 영국 선박이 담당하게 된 것이다. 1870년 무렵부터 1941년까지 아시아 역내 교역량은 뚜렷하게 증가했다. 일반적으로는 이를 아시아 경제가 성장했다는 식으로 이해하

---

[*] 청나라는 오늘날 광둥성(광동성)에 '공행'이라는 기관을 조직해, 유럽권 국가와의 무역 독점권을 공행에 부여했다. 아편전쟁 이후 난징조약이 체결될 때까지, 공행은 유럽 상인이 청나라와 교류할 수 있는 유일한 합법 창구였다.

북경(베이징)으로 출항하는 류큐 왕국의 정크 선박(융극선)

지만, 동아시아 해상무역을 장악한 영국 선박의 존재를 망각해서는
안 된다.

비공식 식민지

19세기, 특히 후반은 제국주의 시대다. 유럽의 여러 나라가 유럽
밖에 식민지를 확보했다. 그중에서 압도적으로 식민지가 많았던 나
라가 영국이다. 영국에는 명확한 영토인 '공식 식민지' 이외에도 '비
공식 식민지(비공식 제국)'라는 개념이 존재했다. 비공식 식민지란, 식
민지는 아니지만 사실상 식민지인 지역을 말한다. 중국과 라틴아메
리카가 비공식 식민지에 해당했다.

이처럼 영국만이 비공식 식민지를 가졌던 이유는, 기본적으로 해

상로와 철도를 비롯한 유통업에 직접 투자한 금액이 많았기 때문이다. 게다가 영국은 세계 최대의 상선단을 가지고 있었다. 영국과 식민지 간의 수송을 거의 영국 선박이 맡았고, 타국의 식민지에서도 종주국의 선박뿐만 아니라 영국 선박이 사용됐다. 영국 선박을 사용하지 않았다는 이유로 상품을 수송할 수 없다면, 그 나라는 영국의 비공식 식민지가 되는 것이다.

비공식 식민지의 상품 수송을 담당하는 나라, 해당 지역의 철도 등 기반 시설에 투자하는 나라는 영국이었다. 다른 유럽 국가는 그것이 불가능했다. 중간상인의 나라였던 영국은 '비공식 식민지'까지 거느린 거대한 제국으로 성장했다.

전신이 세계의 역사를 바꾸다

이처럼 영국은 다양한 지역에 선박으로 진출했다. 일찍이 대영제국 안에서만 영국산 배가 사용된 건 아니었다지만 시간이 흘러 전 세계에서 영국 선박이 이용됐다. 영국에는 막대한 수송료 수수료가 유입됐다. 그런데 선박 말고도 영국에 거액의 이익을 제공한, 황금알을 낳는 거위가 있었다. 바로 전신이었다. 전신의 발명자가 누구인지를 간단히 말할 수 없지만, 1837년 영국인 '윌리엄 쿡William Fothergill Cooke'과 '찰스 휘트스톤Charles Wheatstone'이 실용화한 전신기가 상업화에 성공한 사건을 필자는 강조하고 싶다. 두 사람의 전신기가 시장에서 성공한 이후 전신이 급속도로 보급되었기 때문이다.

전신은 단순한 통신 수단이 아니라 결제 수단이기도 하였다. 전신 기술 덕분에 런던은 세계 금융의 중심이 되었다. 수많은 지역에서 국제무역 비용을 결제할 때마다 영국제 전신을 사용했다. 그 결제 수수료가 런던에 막대한 수수료 수입으로 유입됐다. 전신을 이용한 금융거래는 영국 경제가 크게 발전하는 데에 보탬이 되었다. 물론 전신을 부설하는 데에는 큰 비용이 필요했다. 한 명의 상인이나 일개 회사가 조달할 수 있는 금액이 아니었다. 해저 케이블도 부설해야 하는데, 그것을 감당할 정도의 기관은 국가밖에 없다. 자연히 정보 유통에 국가가 크게 개입할 수밖에 없었다. 국가가 정비한 인프라를 사용하지 않으면 어떤 상인도 상거래를 할 수 없는 시대가 도래한 셈이다.

전신은 세계를 바꾸었다. 이전에는 사람이 걷거나 말을 타서 이동한 후에 정보를 전달했다. 따라서 이동 속도보다 정보가 빠를 순 없었다. 그러나 전신이 탄생한 이후 세상이 바뀌었다. 사람보다, 사람의 이동 속도보다, 정보의 전달 속도가 더 빨라졌다. 미국 역사가 다니엘 R. 헤드릭Daniel R. Headrick은 전신을 '보이지 않는 무기'라고 불렀다. 그만큼 전신은 매우 중요한 무기가 됐다. 전신의 발전은 19세기 유럽의 대외진출과 밀접하다. 전신은 유럽이 세계를 지배하는 방식에 수반되어 확산됐다.

앞서 서술한 상업 네트워크는 영국의 전신망에 편입됐다. 전신 이전에는 중간상인을 매개로 연결된 상인 네트워크가, 전신 이후에는 기계에 의한 네트워크가 형성됐다. 사람과 문명을 연결하는 매개체가 '사람'에서 '기계'로 바뀌었다. 전신이 등장하기 전에는 어음을 발행한 도시에서 그것을 인수한 도시 간에 며칠, 수십 일, 때에 따라 100일 이상이 소요될 수 있었다. 그런데 전신이 그 시간을 단숨에 단축했다. 결국 19세기 말부터 20세기 초반의 영국 경제력을 설명하고자 한다면 전신을 빼고서는 이야기할 수 없다.

표2 전신의 도입과 각 도시에서 런던까지의 정보전달 소요일수 비교

	a: 1820년	b: 1860년	c: 1870년	a−b	b−c
알렉산드리아	53	10	2	43	8
마닐라	30	14	2	16	12
케이프타운	77	39	4	38	35
뭄바이(봄베이)	145	26	3	119	23
콜카타(캘커타)	154	39	2	115	37
홍콩	141	54	3	87	51
시드니	140	53	4	87	49
발파라이소(칠레)	121	47	4	74	43
부에노스아이레스	97	41	3	56	38
리우데자네이루	76	28	3	48	25
바베이도스	46	21	4	25	17
하바나	51	19	4	32	15
뉴올리언스	58	19	3	39	16
뉴욕	32	13	2	19	11

출처: Yrjö Kaukiainen, 〈Shrinking the World: Improvement in the Speed of Information Transmission, c. 1820~1870〉《European Review of Economic History》5, 2001.

전신이 축소한 세계

183쪽의 표2는 세계 여러 지역에서 전송한 정보가 런던에 도달하기까지 필요한 날수를 정리했다. 1870년에는 평균 2.9일로, 이전보다 소요 시간이 대폭 단축된 것을 확인할 수 있다. 표2의 내용을 토대로 판단하자면, 전신은 대략 1860~1870년 사이에 도입됐다. 표2의 1820년과 비교하면, 전신은 세계의 거리를 순식간에 단축했다. 빠르면 2일, 아무리 늦어도 4일이면 세계 어디에서든 정보를 받을 수 있었다.

커미션 캐피탈리즘

19세기 말 영국은 세계 최대의 공업국 지위를 미국과 독일에 넘겨주었다. 그러나 영국은 해운과 금융으로 세계 경제에서의 패권을 유지했다. 세계 경제가 성장하면 할수록 런던에서의 비용 결제 금액이나 횟수가 증가했다. 영국으로 거액의 커미션(수수료)이 꾸준히 유입되었다는 뜻이다.

전신이 탄생하기 전이든 전신이 탄생한 이후든, 상거래가 한 번 이루어질 때마다 수수료가 발생한다. 수수료율은 당연히 전자보다 후자가 훨씬 낮다. 그러나 근대 이전의 무역상은 한 번의 상행위에 필요한 거래기간이 대단히 길었기 때문에, 대리상이 얻는 수수료의 총액은 그다지 많지 않았다.

그에 비해 전신이 도입된 후에는 1회 결제에 드는 수수료 비용

자체가 상당히 낮아졌다. 거기다 추가비용도 거의 없었다. 거래 횟수가 증가할수록 나가는 비용은 늘지 않고 수수료 이익만 늘어난다. 누적된 수입은 막대하다. 이는 오늘날의 신용카드와 비슷할 것이다. 결국 전신의 등장으로 수수료의 방식이 크게 변화한 것이다. 더군다나 커미션, 즉 수수료는 확실한 고정 수익이다. 이것이 대영제국이 설계한 커미션 캐피탈리즘, 이른바 수수료 자본주의의 중요한 특징이다.

수입이 자동으로 증가하는 세계

19세기 영국은 세계 최대의 해상국가였다. 따라서 해상 보험업도 매우 발전했다. 서비스업 수입의 가장 중요한 부문인 보험과 전신에서 영국 경제는 다른 나라를 압도했다. 영국은 전 세계로 증기선을 내보내고 세계 각지에 철도를 깔았다. 영국의 증기선과 철도가 세계 곳곳을 파고들자 이전까지 우리가 보았던 페니키아인, 파르티아인, 소그드인, 세파르디, 아르메니아인이 구축한 상업 네트워크는 그 유효성이 크게 낮아졌다. 과거에 구축된 교역망은 상당 부분 영국의 증기선과 철도로 대체됐다.

전신은 영국 자본주의의 상징이었다. 경제성장을 추진한 세계의 많은 나라가 영국제 전신을 활용했다. 다른 나라의 경제성장을 통해서 영국은 막대한 수수료 이익을 확보했다. 영국은 자동으로 이익을 생산하는 수익 구조를 창출한 것이다. 영국 밖의 다른 나라에서 상행위를 한다 해도, 영국제 전신—영국제 선박—영국 해상보험회사가 동시에 수익을 창출했다. 이와 관련된 결제조차 런던의 금융시장에서 처리됐다. 철도에 의한 정보 교환에서도 영국제 전신이 사용됐다. 설사 영국제 철도가 아니더라도 정보 교환 목적의 전신은 대부분 영국제였다. 철도를 통해서도 영국에 수수료 수입이 들어가는 구조가 구축됐다.

결국 당시 대영제국은 세계의 모든 것을 자국의 이익으로 환원하는 시스템을 만들었다고 볼 수 있다. 영국의 화수분을 구성하는 주축에 바로 '전신'이 있었다. 세계 경제가 성장하고 국제무역이 활발해질수록 영국의 수입은 '자동으로' 증가한다. 이것이 영국이 만든 수수료 자본주의의 핵심이다.

전신은 지금도 국제적인 상행위의 주요 결제 수단 중 하나다. 20세기 초반 전 세계에 깔린 전신 덕분에 영국에는 믿을 수 없을 만큼 거액의 수수료가 유입됐다. 대영제국은 이를 기반에 둔 금융제국으로 거듭났다. 전 세계가 영국제 전신 아래 하나의 금융 교역망으로 연결됐고, 대영제국은 그 교역망 덕분에 유지됐다. 이로 인한 영향은 말할 것도 없이 오늘날까지도 막강하다.

10장

영사에서
종합상사로

일본의 경제발전을 이끈 두 개의 기둥

경제성장을 위해서는 시장에 관한 정확한 정보가 필요하다. 제
2차 세계대전 전후에 걸쳐 일본 경제성장의 배후에 있었던 중요한
조직인 영사領事와 종합상사商社는 바로 그 '정보'를 무기로 사용했
다. 영사는 일본 기업에 필요한 사업정보를 전파했다. 종합상사는
세계 각지에 사원을 파견, 정확한 정보를 수집해 일본 기업의 수출
에 이바지했다. 둘 다 일본 기업이 해외에 진출할 때, 일본과 현지
를 연결했다.

　현재의 종합상사는 투자회사처럼 변화한 듯하다. 이러한 변화는
지금까지 육성한 양질의 정보수집 능력이 있었기에 가능하다. 영사
와 종합상사 모두 기업과 기업을 연결하는 중간상인의 역할을 담당
했을 뿐만 아니라, 일본 경제에 큰 영향을 끼쳤다. 일본 종합상사들
이 '수수료'가 아니라 '투자'에 힘을 기울일 수 있게 된 이유도 중간
상인으로서 전 세계 사업정보를 수집했기 때문이다.

영사란 무엇인가

일반인에게 '영사'란 익숙한 단어가 아니다. 일본의 온라인 사전에서는 영사를 이렇게 정의한다.

> 외국에서 자국의 통상 촉진과 자국민의 보호, 기타 증명 사무 등의 업무를 하는 국가 기관. 전임영사와 명예영사가 있고, 계급으로는 총영사·영사·부영사 등으로 구분한다. 영사관領事官이라 부르기도 한다.

조금은 복잡하게 보이는 사전적 정의에서, 우리는 '통상'이란 키워드에 주목해야 한다. 어느 한 국가의 상인은 자국의 영사가 보낸 보고를 통해 외국의 사업정보를 입수한다. 따라서 영사는 '중간상인'의 역할도 담당했다. 그런데도 영사에 관한 연구는 일본에서 그다지 진척되지 않았다. 이와 달리 유럽에서는 중요한 연구 분야로 분석됐다. 무역을 담당하는 상인이라면 영사가 제공하는 사업정보가 필요하기 때문이다.

네덜란드와 영국 같은 나라는 해외 진출을 위한 영사 보고가 그다지 필요하지 않았다. 상인이 스스로 해외에 나가 자기가 필요한 사업정보를 수집했기 때문이다. 그러나 두 나라 이후 해외로 진출하고자 했던 유럽의 여러 나라는 영사 보고를 활용하기 시작했다. 대표적인 나라가 북유럽의 덴마크와 스웨덴이다. 두 나라는 여러 지역에 영사관을 설치해 자국 상인에게 필요한 정보를 제공했다.

덴마크와 스웨덴은 상업 선진국인 네덜란드나 영국을 추격하고자 국가가 나서서 상인을 위해 정보를 생산하고 제공했다. 이처럼 영사는 후발주자에게 없어서는 안 될 존재였다.

일본 영사관의 역할

일본이 개항한 19세기 중반 무렵은, 구미 열강이 세계를 식민화하던 시대였다. 구미 열강은 세계 시장을 놓고 다투었다. 특히 프로이센이 독일을 통일한 1871년 무렵부터 열강 간의 대립이 본격화했다. 이런 상황 속에서 일본은 구미 열강의 방해를 뚫고 수출을 증가시켜야만 했다. 경제사를 연구한 가쿠야마 에이角山榮는 일본 영사관이 근대 일본의 경제성장에 어떻게 영향을 끼쳤는지를 이렇게 분석했다.

일본은 영사의 정보 활동에 힘을 쏟았다. 영사는 본인이 근무하는 해외의 정보를 수집한다. 상품 관련 정보를 입수해 생산자에게 전달하는 인물이 영사만 있던 건 아니겠지만, 적어도 영사의 활동이 중요했다는 사실만큼은 틀림없다. 영사의 보고는 살아 있는 정보로, 생산자(상공업자, 농민)는 그 정보를 피드백했다. 덕분에 생산자는 해외 수요에 맞는 상품을 수출할 수 있었다. 당시 일본이 수출한 상품은 구미 상품과 비교해 품질 면에서는 대체로 열세였을 것이다. 구미가 중국에 수출하던 양산, 성냥, 램프, 비누 등을 일본도 수출하게 되었을 때, 일본은 상대적으로 소득 수준이 낮은 중국인의 수요에 맞춰 상품을 제작하고 판매했다. 현지의 수요를 무시하고 자국 상품을 아시아에 팔려고 했던 구미 열강과는 달리 일본은 정확한 시장 조사에서 얻은 최신 정보를 활용해 판매 및 생산 계획을 수립했다. 이러한 철저한 전략적 시장 진출에 영사의 보고가 일조했다.

종합상사의 탄생

영사 다음으로 상업 정보제공자로서 중요한 역할을 맡은 부류가 '종합상사'다. 전문상사가 특정 종목의 상품·사업 활동을 한다면, 종합상사는 수많은 종목의 상품 거래와 국내외에 걸친 광범위한 시장과의 거래를 모두 취급한다. 종합상사와 같은 상업 형태가 일본에 뿌리내린 배경에는, 앞서 말한 것처럼 '시장 조사'와 '정보 전략'이 있었다. 종합상사란 방대한 정보라는 기반 위에 태어난 회사다.

상사란 기본적으로는 전문상사다. 세계적으로 전문상사가 보편적이다. 종합상사의 영향력이 강력한 나라는 아마 일본과 한국뿐일 것이다. 일본에서 종합상사의 기원은 사카모토 료마坂本龍馬가 가쓰 가이슈勝海舟와 함께 세운 '가메야마사추龜山社中(가메야마 조합)'라는 해운회사였다.* 이 회사는 물자 운반과 무역을 주요 사업으로 추진하는 한편, 사쓰마번과 조슈번을 상대로 외국 군수품을 판매하는 일도 했다.

1858년 에도 막부는 '미일수호 통상조약'에 이어 네덜란드, 러시아, 영국, 프랑스 등과도 같은 조약을 맺었다. 이것을 안세이安政 5개국 조약이라고 한다. 이 조약은 영사재판권, 관세자주권의 결여, 최혜국 대우, 치외법권 등을 인정한 불평등 조약이었다. 에도 막부를 타도하며 수립된 메이지 정부는 이 불평등 조약의 문제점을 해결하기 위해 많은 힘을 기울였다. 종합상사도 이러한 배경에서 탄생했다. 개국을 강요당했던 당시 일본에는, 해외에 판매할 수 있는 상품이 거의 없었다. 제국주의 시대의 한복판에서, 언제 구미 열강의 식민지로 전락할지 모를 상황이던 일본은, 조금이라도 많은 상품을 팔아 외화를 축적하는 일을 국가의 중대한 과업으로 설정했다. 영사관은 이런 상황에서 여러 나라에 개설됐다. 메이지 정부는 정보의 중요성을 잘 알고 있었기에 영사와 종합상사는 사실 똑같은 역할을 담당했다. 명확하게 시기를 정할 수 없다만 처음에는 영사가, 나중에는 서서히 종합상사가 중요해졌다.

다나카 다케유키田中隆之의 의견에 따르면, 메이지 정부는 외세의 압박을 받는 상황에서 기존의 상업정책을 쇄신했다. 예를 들면 가

---

* 1865~1868년까지 사설 해군이자 무역회사로 활동한 기업이다. 사쓰마번 등의 자금원조를 받았으며, 일본 최초의 주식회사로 평가받기도 한다. 1867년에 '해원대'로 개칭한다.

부나카마株仲間*를 폐지, 영업의 자유가 보장되도록 했다. 지조개정 (地租改正, 토지제도 및 조세제도 개혁), 식산흥업 등의 정책이 시행됐다. 지조개정에 따라 토지의 사적소유권이 확립됐다. 식산흥업이란 목표를 달성하고자 건설 부문을 담당하는 공부성과 일본 내정을 총괄하는 내무성이 산업육성 계획을 구상했다. 그리하여 외국인의 도움을 거치지 않고 일본 회사가 직접 수출하는 계획을 세울 수 있었다. 이로써 1870년대에 오쿠라구미大倉組 상회, 기릿코쇼起立工商 회사, 모리무라구미森村組, 코교廣業 상회, 미쓰이 물산三井物産 등의 무역상사가 설립됐다. 이 중에서도 가장 유명하고 중요했던 것은 말할 것도 없이 '미쓰이 물산'이었다. 이때는 무역상사들이 아직 '종합상사'라고 불리지 않던 때였다. 그러나 이 회사만큼은 해외에서 '부싼Bussan (물산의 일본어 발음)'으로 알려질 정도로 종합상사로서의 존재감이 높았다. 종합상사라는 단어가 사용된 시기는 제2차 세계대전 후의 일이다. 여기서 말하는 무역상사란, 종합상사라고 불리기 전인, 제2차 세계대전 이전의 상사들을 일컫는다.

일본의 산업혁명과 무역상사

일본의 산업혁명은 19세기 말에 시작됐다. 생사生糸와 면綿이 중

---

* 에도 시대에, 중앙 막부와 지방 번의 허가를 받아 상공업자들이 설립한 독점적인 동업조합이다. 도매상 카르텔(담합)의 일종이다.

심이었다. 당시 독일과 미국에서는 중화학 공업이 발전하는 중이었고, 영국은 수수료 자본주의를 설계해 세계 경제를 석권하였다. 이런 상황에서, 일본의 산업혁명은 틈새를 노린 후발국의 공업화에 불과했다. 당시 일본은 중화학 공업에 투자할 정도로 과학 기술력이 높지 않고 자금력도 없었다. 영국처럼 금융업이 발달한 나라도 아니었다. 천연 섬유를 기반에 둔 산업혁명이 불가피했다.

이 책에서는 일본 무역상사의 역할을 살펴보기 위해 해외 시장을 중심으로 이야기하고자 한다. 재벌계 무역상사로 최초로 설립된 미쓰이 물산에 이어, 1918년 미쓰비시三菱 상사가 창설됐다. 미쓰이 물산의 설립과 미쓰비시 상사의 설립 사이에는 약 40년이라는 기간이 있는데, 왜 이러한 시간적 간격이 발생했는지는 알 수 없다. 이어서 1919년 설립된 오사카호코大阪北港 주식회사를 원류로 스미토모住友 상사가 생겨났다. 한편 비재벌계 섬유 상사로서는, 이토추伊藤忠 상사, 마루베니丸紅, 도요멘카東洋棉花(훗날의 도멘이자 현재의 토요타豊田 통상), 니치멘日綿 실업(훗날의 니치멘, 현재의 소지츠双日), 고쇼江商(현재의 가네마쓰兼松)가 속속 등장해 발전했다. 제2차 세계대전 이후 일본 경제를 이끈 종합상사의 원형이 이때 만들어졌다.

여기서 언급한 무역상사 중 미쓰이 물산만이 종합상사로 변모했다. 다른 무역상사들과는 달리 미쓰이 물산은, 메이지 시대 후기 때부터 거래 상품의 다양성, 거래 범위의 광역성, 다양한 기능(제조업 투자, 기술도입 등)이라는 '종합총사總合總社'의 기능을 갖추어 나아갔다. 미쓰이 물산은 어떻게 사업 규모를 확대했을까? 일본 국내외 지점과 영업소가 상호 정보를 공유하는 시스템을 구축해 거래비용을 줄였기에 가능했다. 나아가 지점, 영업소가 독립 채산제*를 유지하면서 비용이 증가하는 문제를 해결하였다. 지점과 영업소에 어느 정도의 독립성을 보장하면서 동시에 본부가 일괄적으로 관리하게 되면서, 하나의 회사라는 통일성을 구축할 수 있었다.

근대 일본의 무역상사들은 아시아를 중심으로 지점을 설립했다. 중국에서 직접 물품을 구입하거나 방적공장을 세우기도 했다. 무역상사들은 일본 경제의 발전과 함께 활동 분야와 지역을 넓혀갔다. 해외 지점이 증가하면서 무역상사는 보다 많은 정보를 입수할 수 있었다. 무역상사에는 대학을 나온 우수한 인재가 모였다. 그들 중에는 어학에 뛰어난 사람도 많았다. 그들은 해외와의 거래에서 다른 업종을 앞지를 수 있는 동력이 되었다.

이 책에서 지금까지 서술한 중간상인도 어학에 뛰어난 사람들이었다. 여러 민족과 상업적으로 교류해야 했기에 필연적으로 언어에 능통해야 했다. 무역상사의 사원들도 그들만큼은 아니겠지만 탁월한 어학 능력을 바탕으로 활동 영역을 확장했다.

---

* 국영 기업의 자립적 운영을 위하여 채택한 경영 방식. 국영 기업이 국가 예산의 보조 없이 독립 회계를 설치하여 기업자적 창의성을 발휘시켜 수익성을 높이는 데 목적이 있다.

1920년대의 무역상사

일본이 큰 이익을 본 제1차 세계대전* 이후 무역상사는 더욱 증가했다. 그러나 전쟁 후의 불경기로 도산하는 무역상사가 등장했다. 대표적으로 스즈키鈴木 상점이다. 스즈키 상점은 1877년 고베에서 스즈키 이와지로鈴木岩治郎가 설립한 무역상사다. 스즈키 이와지로 사후, 이와지로의 부인 스즈키 요네가 회사의 경영을 전문경영인 '가네코 나오키치金子直吉'에게 맡겼다.

가네코 나오키치는 스즈키 상점을 무역상사로 전환하는 과정에서 설탕 외에도 장뇌樟腦, 미맥米麥, 소금, 철강 등 다양한 상품을 취급했다. 무역상사가 된 스즈키 상점은 메이지 시대 후기부터 다이쇼大正 시대까지 급속하게 성장했다. 스즈키 상점은 상거래 이외에 생산 부문에도 투자해 여러 기업을 산하에 흡수하며 스즈키 콘체른 Konzern(기업 집단)을 형성했다. 결국 스즈키 상점의 취급고**는 미쓰이 물산의 취급고를 추월할 정도로 성장했다.

그러나 제1차 세계대전 이후 주가, 공업제품 가격, 선박 운임 등이 동반 하락하면서 경영에 큰 타격을 입었다. 경영의 다각화를 시도하긴 했으나 이마저도 시대를 앞서간 조치였다. 경영 상황이 극도로 악화한 스즈키 상점은 관동대지진 이후 1927년 타이완 은행이 신규 융자를 거절한 사건이 결정타가 되어 도산하고 말았다.

---

* 　제1차 세계대전 당시, 일본은 연합군 측에 가담해 승전국이 되었다.
** 　소비자들에게 판매한 총금액에서 취소와 반품을 제외한 순판매액이다.

무역상사의 본업은 어디까지나 수수료 수입이 아니었을까? 무역상사는 이를 위해 신뢰 가능한 많은 정보를 수집한다. 경영의 다각화도 그 기본을 지키고 있을 때에나 비로소 성공한다. 스즈키 상점의 경영 실패는 아마 그 기본을 이해하지 못한 결과였을 것이다.

본국과 식민지의 경제적 통합

양차 대전 사이, 아시아 무역에서 제국주의 정책을 수립한 일본의 무역액貿易額은 크게 증가했다. 개항 직후 일본에서는 1차산업이 생산한 수출품이 무역의 중심을 담당했지만 20세기 전환기에는 공업제품이 1차산업의 수출품만큼 무역에서 차지한 비중이 증대됐다. 1920년대 말이 되면, 일본 공업제품 수출 비율이 전체 수출품의 70%에 육박했다.

일본과 식민지와의 경제적 관계는 대단히 밀접했다. 그 결과, 1930년대 후반에는 일본이 자국의 식민지와 거래한 무역액이, 영국이 자국의 식민지와 거래한 무역액을 추월했다. 일본은 식민지에서 막대한 이익을 얻은 것이다.

일본의 수출품은 주로 면제품, 잡화 등의 경공업 제품이었다. 기계 수출은 동아시아, 특히 식민지에 집중됐다. 일본은 식민지에 직접 금융기관, 기반 시설 등을 투자하고 설치하였다. 이를 통해 자본주의 체제에 기반을 둔 생산 및 유통 구조를 발전시켰다. 일본은 이러한 자본주의 구조를 식민지에 침투시켜 식민지와 일본 본토를 경제적으로 통합했다.

이 시기 일본 내 무역상사들은 중공업에 투자했다. 일본 중공업의 성장은 군수산업 발전에 힘입은 바가 크다. 당시 일본의 군비증강은 중공업의 발전에 큰 영향을 주었다. 무역상사들도 그런 움직임에 맞춰 영업했다. 일본의 무역상사들이 전쟁에서 큰 이득을 얻었다는 사실에는 의심의 여지가 없다.

종합상사의 부활

태평양 전쟁에서 일본이 패전한 후 GHQ*가 일본을 크게 바꾸었다. 1947년 미쓰이 물산과 미쓰비시 상사가 해산됐다. 미군을 주축으로 한 연합군은 일본의 민주화를 촉진하고자 전쟁에 연루된 재벌을 해산하고자 했다. GHQ는 미쓰이 물산과 미쓰비시 상사가 전쟁에 적극적으로 협력했다고 판단했다. 게다가 전쟁 전에 활동하던 무역상사의 해외 지점은 이미 일본의 교전국에 몰수된 상태였으니, 해외와의 관계 역시 사실상 단절되었다. 하지만 훗날 대부분의 종합상사가 부활했다. 그리고 이전보다 훨씬 더 강력해졌다.

1950년이 되면서 일본은 자유무역을 재개했고 일본 기업이 해외에 지점을 두는 것도 허용됐다. 1950년대 초에는 한국전쟁의 여파로 일본 경제가 크게 회복했다. 종합상사의 활동도 더욱 활발해졌

---

* 제2차 세계대전 후 일본을 점령한 연합군 최고사령부를 의미한다.

다. 종합상사의 활동은 일본의 국가정책과 이해가 일치한 결과였다. 1950년에는 해외 투자를 위해, 해외자원 개발을 지원하기 위해, 일본 정부가 세운 국책 은행이 설립됐다. 1952년에는 샌프란시스코 평화조약*이 체결되면서 일본에서 수출이 다시 본격화됐다.

일본 경제는 공업제품을 수출하지 않으면 해외와의 경쟁에서 이길 수 없었다. 이때 종합상사가 큰 역할을 맡았다. 간사이關西 계의 섬유 전문상사(이토추 상사, 도요멘카, 니치멘 실업, 마루베니 등), 철강계 전문상사(이와이岩井 산업, 닛쇼日商 등)가 새로운 분야를 확충하거나 흡수 및 합병하면서 '종합상사화'를 추진했다. 이어서 점령군의 재벌해체 정책에 따라 해산되어 여러 소기업으로 쪼개진 미쓰비시 상사와 미쓰이 물산이 부활했다. 이렇게 1960년 전후로 '10대 종합상사 체제'가 거의 성립되었다. 1970년대 전반까지는 미쓰비시 상사, 미쓰이 물산, 스미토모 상사, 이토추 상사, 마루베니, 닛쇼이와이, 도멘, 니치멘, 가네마쓰兼松江商 상사, 아타카安宅 산업 10개 회사를 일반적으로 '10대 상사'라 불렀다.

종합상사는 사업투자, 조직통합, 금융, 정보수집을 수행한다. 여기서 정보수집이 가장 중요할 것이다. 양질의 정보를 수집하는 것이야말로 원활한 사업 활동을 위한 조건이다. 패전 이후 일본 기업은 수출하고 싶어도 어떻게 해야 하는지를 몰랐다. 이른바 '노하우'

---

* 1951년 9월 8일 미국 샌프란시스코에서 일본과 연합군이 맺은 평화조약이다. 이 조약으로, 제2차 세계대전에서 패배한 일본이 주권을 회복했다.

표3 현존하는 주요 일본 종합상사

기업명	창립년도(년)	연혁 및 특징
미쓰비시 상사	1918	• 연합군 최고사령부에 의해 재벌해체 후 1945년 부활 • 일본 최대의 종합상사
미쓰이 물산	1876	• 연합군 최고사령부에 의해 재벌해체 후 1945년 부활 • 일본식 종합상사의 원류
스미토모 상사	1919	• 제2차 세계대전 이후 종합상사화(1945)
이토추 상사 마루베니(丸紅)	1858	• 에도 막부 말기에 섬유 회사 '베니추'로 시작 • 제2차 세계대전 이후 두 회사가 분리·분할
토요타 통상	1936	• 토요타 그룹 소속 종합상사 • 2006년에 '도멘(東棉)' 합병 후 대형화
소지츠(双日)	2003	• '닛쇼이와이'와 '니치멘'의 합병으로 설립된 대형 종합상사

표4 거품경제 붕괴 후 사라진 일본 종합상사

기업명	창립년도(년)	연혁 및 특징
닛쇼이와이	1877	• 1968년 철강 분야의 두 기업 '닛쇼'와 '이와이'가 합병(닛쇼이와이 출범)
니치멘	1892	• 2004년 닛쇼이와이와 니치멘이 합병(소지츠)
가네마쓰고쇼	1889	• 현재의 가네마쓰 상사 • 버블경제 당시 부동산 투자 실패로 기업규모 쇠락
아타카 산업	1904	• 제1차 석유파동 후 지속된 불황으로 도산 • 이후 이토추 상사에 흡수합병
도멘	1920	• 도요멘카주식회사로 출범 • 버불경제 후 2006년에 토요타 통상에 흡수합병

가 부족했다. 그렇다고 현지에 다수의 주재원을 상주시키자니, 감당해야 하는 비용이 만만치 않았다. 제2차 세계대전 이전의 무역상사도 이 문제를 해결하는 데에 뛰어난 능력을 발휘했지만, 전후의 종합상사는 그 이상의 유능함을 뽐냈다.

상업적 관행은 나라마다 다르다. 대기업이라고 해도 세계적으로는 아직 규모가 작았던 당시 일본 내 기업계에는 그런 지식이 부족했다. 사정이 이러다 보니, 다수의 기업이 10대 종합상사에 수수료를 지불하면서 정보를 얻었고, 이를 통해 자사 제품을 해외로 수출한 것이다.

자원·에너지의 개발과 수입

1960년 이케다 하야토池田勇人 내각총리 임기: 1960년 6월 19일~1964년 11월 9일이 소득 2배 증가 계획을 발표했다. 더 정확하게는, "실질적으로 국민총생산을 10년 이내에 2배 증대를 목표로 하는 국민소득 배증계획"이다. 당시에는 거의 실현 불가능한 계획으로 간주했지만, 이와는 별개로 목표 달성을 위해서는 반드시 수출을 증대해야 했다. 결국 국민총생산은 약 4년(계획을 세운 1960년 당시 기준으로 1964년 7월), 국민 1인당 실질적인 국민소득은 약 7년 만에(1967년 10월) 2배 증가했다. 애초의 계획이 소극적인 목표로 보일 정도였다.

고도성장시대에는 메이커(상품 제작 회사)가 독자적인 국제 판매망을 갖추게 되면서 중간이득을 취하는 종합상사가 불필요해진다는,

'종합상사 사양론'이 등장했으나 완전히 적중하지는 않았다. 즉 메이커가 생산설비 확충에 전력을 기울이자 종합상사는 적극적으로 해외 주재원을 파견해 원자재 확보와 시장 개척에 나서는 것으로 대응했다. 종합상사는 이를 통해 전 지구적으로 시장을 키우는 데에 성공했다.

일본에서 중화학 공업이 발전하면서 자원·에너지 수요가 크게 높아졌다. 따라서 자원과 에너지를 개발하고 수입하고자 노력을 기울였다. 구체적으로는, 오스트레일리아의 철광석, 파푸아뉴기니의 동광, 브루나이의 LNG(액화천연가스) 개발 등이었다. 이런 활동은 21세기 종합상사에 새로운 활력을 불어넣었다. 플랜트 수출도 늘었다. 화력 발전 플랜트, 화학 플랜트, 설탕 플랜트 등인데, 이를 위한 무역이 증가했다.

종합상사 산업의 중심 중 하나는 '수수료 산업'이다. 생산자를 대리해 해외 판매를 하여 수수료 수입을 증대했다. 기업들을 연결해 수수료 수입을 확보한 것이다. 이런 일은 다른 업종은 엄두를 낼 수 없었다. 종합상사가 해외에서 양질의 정보를 입수할 수 있었기에 가능한 수입원이기 때문이다. 종합상사가 가진 정보가 대단히 다양하고 동시에 여러 산업과의 관계도 밀접하기에, 새로운 분야로의 진입도 수월한 것이다.

경제위기가 초래한 일본 탈출

1973년과 1978~1979년 두 차례에 걸친 석유파동은 일본뿐 아니라 세계 경제에 크나큰 악영향을 끼쳤다. 당시 종합상사 판매고의 70~80%를 점하고 있던 중후장대 산업(철강, 자동차, 화학, 조선업 등)이 불황 업종이 되어 크고 작은 기업이 줄도산했다. 종합상사의 재무능력도 악화해 1977년에는 '10대 상사' 중 하나인 아타카 산업이 도산했다.

게다가 종합상사를 통하지 않고 생산자가 직접 수출에 도전하기 시작했다. 종합상사는 이에 대응하고자 해외 투자 사업을 더욱 적극적으로 벌였다. 자산 분야에서는 개발을 위한 투자가 더욱 대규모로 실행됐다. 이에 따라 대외무역도 증가했다. 즉 종합상사가 자구책으로서 일본 본토를 벗어나려는 경향이 강해진 것이다.

1990년대 초 일본 거품경제*가 붕괴하자 해외로 진출하여 제조업에 투자하려는 경향은 더욱 두드러졌다. 국제 금융 부문에도 힘을 기울여 재테크도 적극적으로 벌였다. 이렇게 종합상사는 사업을 다각화해 나갔다. 이는 결국 일본 기업 상품을 수출해 벌어들이는 수수료 수익의 비중을 감소시켰다.

---

*   일본에서는 1986~1991년에 부동산과 주가가 크게 부풀어 있었다. 1992년 초에 가격 '거품'이 꺼지자 일본 경제의 장기불황이 시작됐다.

거품경제 붕괴 이후

거품경제 붕괴 후 사정을 보면, 다른 산업과 마찬가지로 종합상사도 상당히 큰 영향을 받았다. 가네마쓰 상사가 미쓰비시 은행 관리 아래 경영을 축소하고, 도멘은 토요타 통상에 흡수 합병됐다. 닛쇼이와이와 니치멘이 합병, 소지츠双日가 되었다. 21세기 초에 10대 상사는 이토추 상사, 미쓰비시 상사, 미쓰이 물산, 스미토모 상사, 마루베니, 토요타 통상, 소지츠의 7대 상사로 축소 재편됐다.

2008년에는 리먼 쇼크*가 발생했다. 전 세계의 잉여자금이 엔화를 사들이는 데에 집중하여 '초엔고현상'이 벌어졌다. 일본의 수출산업은 큰 타격을 입었다. 이를 계기로 종합상사는 경영 방식을 대폭 바꾸었다. 수수료 사업에서 자원과 에너지 분야로 수익을 창출하도록 사업구조를 바꾸었다. 러시아에서 석유와 천연가스, 아프리카에서 알루미늄·니켈·천연가스, 브라질에서 철광석과 바이오에탄올, 중동에서 천연가스를 바탕으로 발전사업 등을 시행했다. 물론 커미션 비즈니스가 종합상사의 기둥 사업이긴 하지만 수익의 중심은 분명히 변화했다. 취급고를 중시하는 체제에서, 이익률을 중시하는 방향으로 변모했다.

또한 종합상사는 경영건전화를 위해, 자원이라는 '상부', 제품 제조라는 '중부', 유통·판매라는 '하부'까지를 연결하는 가치사슬(밸류체인)을 형성해 모든 분야에서 수익을 창출하고자 했다. 종합상사는

---

* 2008년 9월 15일에 '리먼 브라더스 홀딩스 주식회사'가 파산한 사건을 가리킨다.

강의 상류와 중류 그리고 하류에 해당하는 사업에 자금을 지원하고, 해당 사업들에서 배당 등의 이익을 얻고자 했다. 종합상사는 사업 투자 회사로 새롭게 태어났다고 해도 과언이 아니다.

종합상사를 투자 은행과 비교하면, 전자는 사업 운영을 하는 데에 비해 후자는 수수료를 이익으로 획득한다. 이런 점에서 양자 사이에는 결정적 차이가 있다. 종합상사는 금융만이 아니라 밸류체인, 그리고 사업 운영을 포함한 투자 활동에 의해서도 수익을 얻고자 했다. 이는 종합상사가 전 세계에 지점을 두고 많은 지역에서 사업정보를 얻고 있기에 도달할 수 있는 목표일 것이다.

정보를 자본으로 바꾼 근대 일본

제2차 세계대전 이후 일본에서 종합상사만큼 경영 구조를 극적으로 바꾼 업계는 없을 것이다. 가장 인상적인 부분은 커미션 비즈니스, 수수료 사업에서의 후퇴다. 그러나 이는 종합상사가 경영건 전화에 성공했다는 것을 상징한다. 근래의 사람들은 '커미션 비즈니스'하면 금융회사의 전매특허로 떠올리니 말이다.

종합상사는 지금까지 세계 각지에서 사업을 개시했다. 일본 종합상사가 없는 나라가 없다 해도 과언이 아닐 만큼 많은 종업원을 해외에 파견해 다양한 활동에 투입한다. 따라서 지금까지 키운 정보, 네트워크, 금융 등의 종합적 능력을 무기로 활용하는 회사답게, 종합상사들은 '연쇄 사업 투자'라는 형태의 새로운 수익모델을 창출했다.

종합상사의 역할은 과거 메이지 정부 시대에 태동한 '영사'에서 기인한다. 영사는 해외에 진출하기를 희망하는 기업에 알맞은 정보를 제공하고, 종합상사는 해외 진출을 시도하는 기업의 조력자 역할을 담당한다. 양자는 정보의 힘이라는 공통의 무기를 확보했다. 종합상사가 투자 사업 회사가 된 것은 오랫동안 정보 비즈니스를 벌였기 때문이다. 다른 후발국이라면 영사관이 해야 할 업무를, 일본에서는 종합상사가 대신하면서 경제성장에 공헌한 바가 적지 않았다.

11장

조세 피난처

대영제국과 IT 기술의 합작품

코로나19는 세계 경제에 심각한 타격을 입혔다. 많은 나라가 국채를 발행해 증세를 피하려 했다. 전 세계에 국채가 넘치면서 수많은 사람이 각국의 재정 상태에 불안을 느꼈다. 사실 이전부터 몇몇 나라에서는 재정 상태가 악화하는 중이었다. 어느 한 나라가 자국의 채무를 갚기 위해서는 기업이 세금을 제대로 납부해야 한다. 그러나 택스 헤이븐(Tax haven, 조세 피난처)*을 이용해 본래 부담해야 할 세금을 내지 않는 기업도 있다. 조세 피난처를 이용하는 회사는 제조업계보다는 IT업계에 많다. 이에 따라 국민은 내지 않아도 될 세금을 더 내고 있었을지도 모른다.

조세 피난처는 '대영제국'의 유산이기도 하다. 대영제국이 더는 정치적인 의미의 제국은 아닐지언정 조세 피난처의 영향력 덕분에 여전히 금융제국으로서 막강한 영향력을 행사한다. 게다가 조세 피난처는 영국 왕실의 특이성과도 밀접하다.

---

* 조세 부담을 줄일 수 있거나 조세 부과를 피할 수 있는 국가나 지역을 의미한다.

아주 복잡한 영국의 영토

영국의 정식 명칭은 '그레이트브리튼 및 북아일랜드 연합왕국 United Kingdom of Great Britain and Northern Ireland'이다. 현재 영국 국기인 유니언 잭은 잉글랜드, 스코틀랜드, 그리고 아일랜드의 국기를 조합한 결과물이다. 영국이라는 나라가 얼마나 복잡하게 성립됐는지가 국기에서부터 드러나 있다.

영국이 얼마나 기묘한 나라인지를 잘 보여주는 사례를 하나 들어볼까 한다. 영국의 왕세자는 '웨일스 왕세자Prince of Wales'라고 불린다. 그는 스코틀랜드의 전통 의상인 타탄(격자무늬) 퀼트를 몸에 걸친다. 이는 잉글랜드가 주위 나라를 병합 및 회유한 역사에서 유래한다. 영국이란 나라는, 잉글랜드를 중심으로 여러 나라(정확히는 이전에 국가였던 지역)가 결합한 국가다. 역사학에서는 이러한 '복합국가'의 등장을 근세의 특징으로 본다. 그러나 현실에서는 유럽 내 여러 나라가 현대에 이르러서도 기본적으로 '복합국가'로 남아 있다. 대표적인 사례가 바로 영국이다. 게다가 영국이 과거에 식민지로 지배했던 나라와도 밀접한 관계를 맺고 있는, '영연방'이라는 시스템이 별도로 존재한다.

최근 스코틀랜드에서는 '그레이트브리튼 및 북아일랜드 연합왕국'에서 이탈하려는 움직임이 강해지는 중이다. 또 북아일랜드에서도 잉글랜드에서 벗어나려는 움직임이 있다. 이젠 잉글랜드와의 연합에서 얻는 이익이 그다지 없다고 판단하기 때문이다. 어쨌든 영국이 하나로 유지되기 위한 끈은 결코 강하다고 단언할 수 없다. 영국 내부에서는 서서히 분열하려는 흐름이 존재한다. 브렉시트를 추진하면서 동시에 EU와의 관계도 유지하고 싶은, 영국의 어정쩡한 자세에서도 그러한 징조를 엿볼 수 있다.

이처럼 결코 군건한 반석이라고는 할 수 없는 영국이라는 나라를 하나로 묶어낸 존재가 '대영제국'이다. 영국은 전 세계에 걸쳐 제국을 형성했다. 스코틀랜드와 아일랜드도 어느 정도는 제국의 구성원으로서 혜택을 받았다고 할 수 있다.

밀수 기지에서 조세 피난처로

앞서 이야기한 것처럼 대영제국이란 금융제국이었다. 세계 역사상 최대의 금융제국이었다. 19세기 말이 되면 대영제국은 그물코처럼 엮인 금융 네트워크로 연결됐다. 이것이 현재의 택스 헤이븐(조세 피난처)으로 이어졌다. 이쯤에서 조세 피난처와 긴밀한 '조세 회피 행동'에 관해 살펴봐야 한다.

조세 회피 행동이란, 인류 역사상 세금 제도가 발명될 때부터 있던 행태다. 16~18세기 유럽에서 국제적인 경제활동이란 대개 무역을 의미했다. 당시에는 관세를 내지 않거나 줄이려는 방식으로 조세를 회피하곤 했다. 오늘날에는 법인세, 소득세를 납부하지 않으려는 방식으로 바뀌었다. 오늘날의 조세 회피 행동은 IT 기술이 발전하며 가능해졌다. 반면에 시대가 변해도 바뀌지 않은 것도 있다. 바로 작은 섬을 이용하는 방법이다.

19세기 영국은 세계 최대의 상업 선단과 광범위하게 부설한 전신을 이용해 세계 경제를 일체화했다. 다양한 지역의 상품을 판매하면서 동시에 런던을 중심으로 금융을 결합하였다. 이런 상황에서 영국은 거액의 수수료 수입을 확보하는 수수료 자본주의 체제 위에서 번영했다. 오늘날 전 세계의 조세 피난처도 이때 이미 완성되었다고 간주해도 좋을 것이다.

예를 들면, 오늘날 유명한 조세 피난처인 케이맨 제도와 버진 제도의 영국령 버진아일랜드ʙᴠɪ는 '제도諸島'라는 명칭에서도 알 수 있듯이 작은 섬들이 모인 곳이다. 그런데 케이맨 제도 최대의 섬인

지도19 영국의 해외 영토

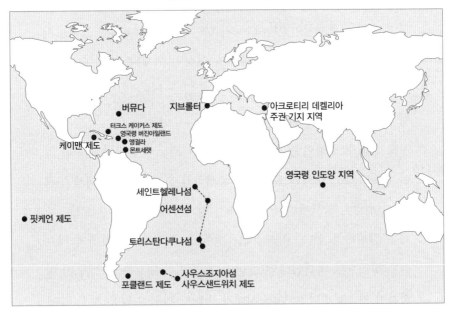

오늘날 영국의 영토는 연합왕국이 있는 그레이트브리튼섬과 북아일랜드 땅, 영국 왕실령, 해외 영토로 분류된다.

'그랜드 케이맨Grand Cayman'조차도 196.84km²에 불과하다. 버진아일랜드의 총면적은 겨우 153km²다. 비교 대상으로 아와지시마(淡路島, 일본 세토 내해 동쪽 끝에 있는 섬)의 면적은 592.2km²다.

18세기 카리브 제도는 설탕 생산지로 유명했다. 18세기 유럽에 최대 이익을 선사한 설탕사업을 앞서 말한 작은 섬들에서는 시행하기가 물리적으로 어려웠다. 그렇다면 대체 어떤 방식으로 이익을 창출한 것일까? 작은 섬 중 일부는 틀림없이 '밀수 기지'로 사용됐다. 카리브 제도의 작은 섬들은 '밀수'에서 '조세 피난처'로 맡은 임무만 바뀌었을 뿐 여전히 영국에 막대한 이익을 제공하는 중이다.

왕실령의 은밀한 용도

현재 케이맨 제도와 영국령 버진아일랜드의 군주는 찰스 3세다. 그곳은 영국의 해외 영토다. 한편 영국의 국토에는 '왕실령'이라는 지역도 존재한다. 왕실령이란, '그레이트브리튼 및 북아일랜드 연합왕국'에는 포함되지 않으나 영국 국왕 개인에게 속한 지역이다. 왕실령은 영국 의회의 지배를 받지 않고 독자적인 의회와 정부를 운영한다. 외교와 국방은 영국 정부에 위임하여 완전한 주권국가라 부를 수는 없어도, 해외 영토나 식민지와는 달리 높은 수준의 자치권을 누리고 있다. EU에도 가입하지 않았기 때문에 영국 법률과 세금제도는 물론이고 EU의 공통 정책도 적용받지 않는다.

왕실령에 속한 섬들은 전통적으로 영국 국왕의 사유지다. 잉글랜

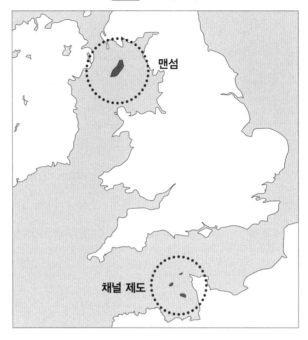

지도20 영국 왕실령

드 주위의 채널 제도와 맨섬이 이에 해당한다. 사실 이들 지역은 근대 시대까지는 '밀수 기지'로 유명했다. 그리고 현재는 조세 피난처로 유명하다. 채널 제도의 건지섬과 아일랜드해의 맨섬은 조세 피난처다. 즉 영국 왕실령이 밀수 또는 조세 회피 문제에 깊게 연루되었다는 뜻이다. 달리 말해 영국 정부와 왕실이 왕실령을 이용해 은밀하게 조세 회피 행동을 일삼았다는 뜻이다.

탈세 시스템의 상징

2022년 9월 1일 거행된 엘리자베스 2세의 영국 국장國葬에서, 새로운 국왕 찰스 3세는 군복을 입고 등장했다. 이는 백년전쟁 이후 패전을 겪지 않은 영국이 19세기에 세계를 무력으로 지배했던 역사를 상징하는 모습이었다.

영국은 어떤 면에선 현명했다. 국왕이 통치하면서도 영국이라는 나라엔 속하지 않는 영토를 해외에 두었기 때문이다. 왕실령은 영국과 이해관계가 맞물렸음에도 별개로 자립해 영연방에도 속하지 않는 지역이다. 그러한 지역이 조세 피난처라는 사실이야말로 영국이라는 나라의 특징을 보여주는 일면이라 할 수 있다. 즉 엘리자베스 2세의 국장은 왕실령의 군주가 바뀐다는 사실을 통보하는 의식이기도 했다.

영국의 국제國制는 매우 복잡하다. 영국은 과거 자국의 식민지였던 나라 외에도 세계 곳곳의 경제, 특히 금융에 큰 영향력을 행사한다. 영국 왕실은, 수수료 자본주의 체제와 조세 피난처를 이용한 탈세 시스템의 상징으로서 존립한다.

조세 피난처 우대정책

영국과 조세 피난처의 관계가 굉장히 밀접하다는 사실은 고우다 칸 씨의 이야기에서도 잘 드러난다.

모색 폰세카 컴퍼니*가 페이퍼컴퍼니(유령회사)를 만든 주된 장소는 21개 국가와 지역에 퍼져 있습니다. 그중 약 절반은 영국령 버진 제도에 있습니다. 다음으로 파나마, 세이셸, 니우에, 사모아 순입니다. 대다수가 영국의 해외 영토거나 과거 식민지였던 국가로, 영국의 영향력이 강한 지역입니다.

– 고우다 칸合田寬, 《이것으로 알 수 있는 택스 헤이븐 – 거대기업·부자들의 '조세회피'를 막아라!》 합동출판, 2016, 17쪽.

영국은 세계 각지에 식민지를 소유했던 과거가 있었으니 조세 피난처로 쓰이는 지역이 많은 게 그리 놀라운 비밀은 아니다. 또한 19세기 말부터 20세기 초에 영국은 최대의 금융망을 구축했고, 전 세계에서 무역에 드는 비용을 영국제 전신을 통해 런던에서 결제했다. 대영제국이란 결국 금융제국이었다. 그 금융 시스템은 오늘날까지도 조세 피난처라는 형태로 존속된다.

왕실령은 독립적으로 내정을 운영하고 독자적인 의회도 보유하고 있으나 군주가 영국 국왕인 이상 영국의 이해관계와 긴밀하다는 사실 정도는 삼척동자도 알 수 있다. 따라서 영국 국왕이라는 지위는 왕 본인을 위해서, 그리고 영국이라는 나라를 위해서 사용할 수 있다. 영국 의회가 국왕을 통해 조세 피난처를 이용한다는 발상은 여기에서 비롯된다. 조세 피난처를 중심으로 영국이란 나라와 왕실

---

* '모색 폰세카'는 파나마에 세워진 법률 회사(로펌)로, 영국령 버진아일랜드에도 사무소를 개설하며 유령회사의 자금세탁 부문으로 활동했다. 2016년에는 '국제탐사보도언론인협회'가 모색 폰세카가 보유한 약 1,150만 건의 비밀문서를 폭로했는데, 이를 '파나마 페이퍼스'라 부른다.

을 관찰하면 이런 식으로 말하는 것도 무리가 아니다.

영국이란 국가와 왕실은 미묘한 균형 위에 양립한다. 게다가 조세 피난처가 스코틀랜드와 아일랜드에도 이익을 제공할 수 있다고 생각해 보자. 그러면 이 두 지역이 '그레이트브리튼 및 북아일랜드 연합왕국'에서 떨어져 나갈 가능성은 현저히 줄어든다. 영국 왕실이 영국 금융에 어떻게 긍정적인 영향을 미쳤는지를 고려하면 쉽게 이해할 수 있으리라.

세금은 피하고 이익은 챙기고

비영리단체인 옥스팜Oxfam[*]은, 소득과 부의 불평등에 관한 보고서를 발행한다. 옥스팜의 보고서를 통해 EU에 가입한 여러 나라의 은행이 조세 피난처를 이용해 어떻게 이득을 확보하는지 살펴보겠다.

옥스팜의 추계에 따르면, EU 내 상위 20개 은행의 수익금에서 조세 피난처가 창출한 수익금의 비율은 26%였다. 총액으로는 2015년의 경우 250억 유로로 추계한다. 그런데 조세 피난처의 매상고는 전체의 12%에 불과하다. 종업원 수로 보면 단 7%에 불과하다. 옥스팜은 이런 추계를 통해 이 상위 20개 은행이 조세 피난처에서 거액의 이익을 얻고 있다고 주장한다.

---

[*] 1942년 영국에서 결성된 국제단체로, 빈곤 해결을 위한 구호활동과 불공정 무역에 대항하는 사회운동을 벌인다.

2015년 유럽연합의 상위 20개 은행은 조세 피난처 국가로 유명한 룩셈부르크에서 약 49억 유로의 수익을 얻었다. 영국, 스웨덴, 독일에서 거둔 수익을 합친 액수보다 많다. 같은 2015년, 유럽에서 다섯 번째로 큰 은행인 영국의 바클레이즈Barclays 은행은 룩셈부르크에서 5억 5700만 유로를 신고했는데, 세금으로 낸 돈은 100만 유로에 불과하다. 세율로는 약 0.2%에 불과하다. 심지어 조세 피난처에서 얻은 수익에 세금을 납부할 필요가 없는 경우도 있다. 유럽의 은행들은 2015년 조세 피난처에서 거둔 3억 8300만 유로의 이익에 관해서는 한 푼의 세금도 납부하지 않았다.

이상하게도 다수의 은행이 유럽 내 자국에서는 거액의 손실을 보았다. 예를 들면 2015년, 도이체 방크Deutsche Bank는 독일에서 손해를 보았으나 조세 피난처에서는 18억 9700만 유로의 이익을 확보했다. 게다가 유럽 은행 전체의 이익 가운데 6억 2800만 유로는 단 한 사람의 고용 직원도 없는 지역에서 발생했다. 이는 실로 기묘하다고 하지 않을 수 없다. 유럽의 주요 은행들이 조세 피난처를 이용해 거액의 이익을 챙기고 있다는 합리적 추론이 가능하다.

유럽의 상위 20개 은행은 세계 각지의 조세 피난처와 연결해 이익을 획득하고 있다. 카리브해와 홍콩, 싱가포르 등의 옛 영국령이 대표적인 지역이다. 역시 대영제국이 현재의 조세 피난처 형성에 크게 일조했다고 말할 수 있다. EU의 은행들은 EU에서 거둔 수익을, 조세가 전혀 없거나 조세 제도가 있어도 그 비중이 극히 적은 나라로 이전한다. 따라서 조세 피난처의 수익률은 불가사의할 정도로 높다. EU의 은행에서 일하는 노동자가 창출하는 수익은 평균 연간 4만 5000유로에 불과하지만 조세 피난처에서 일하는 노동자가 창출하는 수익은 연간 171만 유로에 육박한다.

EU 은행 가운데 미국에 자회사가 있는 경우, 그들 자회사의 59%가 조세 피난처인 델라웨어에 거주지를 두고 있다. 델라웨어에 자회사 거주지를 둔 은행의 49%는 서류상 같은 주소에 몰려 있다. 그 수는 약 28만 개에 이른다. 이것은 어떻게 보더라도 은행의 조세 회피 행동이라고 말할 수밖에 없다. 인터넷이 발전한 오늘날, 송금은 그 이전과 비교해 훨씬 쉬워졌다. 이 방법을 통해 EU의 은행들은 법인세가 높은 나라에서 올린 매상을 세율이 낮은 조세 피난처로 송금했다. 그렇게 생각하지 않을 이유가 없다.

증가하는 무형자산

기업이 보유한 자산의 형태는 21세기 들어 아주 심하게 변하고 있다. 지금까지 경제를 이끌어왔던 제조업은 대공장에 종업원 수도 많아서 자산이라고 하면 유형자산이 대부분이었다. 그런데 IT 기술이 발전하면서 지적 재산의 중요성이 현격하게 증가했다. 무형자산이 유형자산보다 중요한 지위를 차지하는 양상이 나타났다. 무형자산이란 물적인 실태가 없는 자산을 말한다. 구체적으로는 특허나 상표권과 저작권 등을 일컫는 지적 자산, 종업원이 가진 기술과 능력 등의 인적 자산, 기업문화와 경영관리 프로세스 등의 기반 자산으로 나뉜다.

유형자산과 비교해 무형자산을 파악하기란 어렵다. 또한 무형자산을 파악하는 과정에서, 조사자의 자의성이 상당히 개입될 것이다. IT 산업은 무형자산을 크게 증가시켜 주가를 올리고 시가 총액을 증대시켰다. 유럽과 미국에서는 리먼 쇼크 무렵, 무형자산에 대한 투자 규모가 유형자산에 대한 투자 규모를 상회하였다. 이에 비해 일본 자동차 회사 토요타에서는 회계상 무형자산이 거의 중시되지 않은 것처럼 보였다. 다양한 기술과 경영 노하우를 지닌 토요타이기에 자산총액이 엄청나게 불어날 가능성이 있었음에도, 그들은 IT 산업처럼 무형자산을 공격적으로 증대하는 전략 따위를 취하지 않았다.

무형자산에 대한 투자 규모가 왜 증대됐을까? 이에 관해 "기업이 산출하는 '물품' 균형이 달라졌다."라는 답변이 가능할 것이다. 독일이나 일본처럼 거대한 제조업이 뒷받침된 선진국에서조차 서비스업이 주요 산업으로 부상했다. 서비스업계도 1990년대 후반에는 유형자산에 대한 투자가 많았으나 시간이 흐를수록 투자 규모 차이가 역전했다.

세계화가 진행되면서 선진국은 비교 우위를 가진 분야를 특히 전문화하지 않으면 살아남을 수 없었다. 제조업계에서도 보다 진보된 기술에 투자하였다. 무형자산에 대한 투자 규모는 GDP 비율로 따지면 선진국 쪽이 높다. 1998~2011년 사이, 미국의 무형자산 투자 규모는 1인당 GDP의 1%였다면, 중국은 0.1%에 불과했다. 마이크로소프트의 자산 상황을 설명한 다음 발언을 인용하겠다.

> 마이크로소프트사의 자산을 계상한 (2006년도의) 대차대조표를 보면, 총자산은 700억 달러 정도며 그중 600억 달러는 현·예금과 금융자산이다. 공장과 설비로 일컬어지는 전통적인 자산은 불과 30억 달러다. 이는 마이크로소프트가 보유한 자산의 4%고, 시가 총액의 1%에 불과하다. 요컨대 전통적인 자산 회계로 따지자면, 마이크로소프트는 현대의 기적이다. 이것이 자본 없는 자본주의인 것이다.
>
> – 조너선 하스켈·스티안 웨스트레이크 지음, 야마가타 히로오(山形浩生) 옮김.
> 《무형자산이 경제를 지배한다·자본 없는 자본주의의 정체》 도요게이자이신보사, 2020.

무형자산이 증가하는 현상을 두고, 모리노부 시게키森信茂樹는 다음과 같이 경고한다.

> 기업이 산출하는 가치 중 무형자산의 중요성이 높아지자 무형자산을 세율이 낮은 나라와 조세 피난처로 이전시켜 조세를 회피하는 일이 간결해졌다.

무형자산은 유형자산과 달리, 계약 하나로 쉽게 국경을 넘어 자회사 등에 이전시키는 일이 가능하다. 후술할 GAFAMGoogle, Apple, Facebook, Amazon, Microsoft은, 자기들이 집적한 빅데이터를 바탕으로 무형자산이 많은 기업을 비즈니스 모델의 중핵으로 삼으려 한다.

여러 선진국에서는 무형자산에 세금을 물리는 방법이 무엇인지

오랫동안 논의했다. 디지털 경제는 무형자산에 크게 의존한다. 따라서 어느 한 나라에 물리적인 거점을 두지 않고 사업을 확대할 수 있다. 그렇게 되면 종래와 같은 국가 단위 조세 방식으로는 세금을 징수하기 어렵다. 게다가 조세 피난처를 이용해 납세 의무를 최대한 회피할 수 있다. OECD(경제협력개발기구)와 G20은 이에 대항해 새로운 과세 방법을 모색하고 있지만, 뾰족한 해결책은 아직 없다.

기업은 무형자산을 중요한 자산으로 인식하지 않았다고는 할 수 없다. 단지 무형자산을 명확하게 자본화하지 못했을 뿐이다. 무형자산을 자본화할수록 주가는 현저하게 상승할 것이다. 필자는 이것이 현대 경제를 왜곡할 수도 있을 거라 생각한다.

수익의 사익화, 피해의 사회화

2021년 6월 5일 런던에서 열린 G7 재무장관회담에서, 각국이 법인세 최저세율 15%를 목표로 하는 '조세협정'에 합의했다. 조세 피난처를 이용해 조세 부담을 과하게 경감한 다국적 기업을 향한 과세를 강화하는 것이 이 협정의 목적이었다. 이 협정의 취지가 실현된다면, GAFAM 등의 IT 기업을 포함해 다국적 기업은 심각한 타격을 받을 가능성이 높다. 실제로 매우 큰 문제인데, 다수의 다국적 기업은 룩셈부르크나 아일랜드 등 법인세율이 상대적으로 낮은 나라에 근거지를 두는 방식으로 법인세를 합법적으로 대폭 줄이고 있다.

세계적인 경제지 《포춘》이 선정한 500대 기업(세계에서 가장 수익성이 높은 기업) 가운데 아마존과 IBM을 포함한 91개 회사가 미국연방이 규정한 법인소득세를 한푼도 내지 않았다. 또 56개 회사의 세율은 법정 법인세율인 21%보다 훨씬 낮은 0~5%에 불과하다(평균은 2.2%다). 즉 대기업이 납세해야 할 세금을 회피하고 있다는 것이다.

GAFAM으로 대표되는 거대 IT 기업은 자사의 막대한 수익금을 세율이 낮은 나라 또는 조세 피난처에 맡겨놓고, 자사에 이익을 선사한 지역(국가)에는 세금을 납부하지 않는다. OECD의 계산에 따르면, 그들은 세계 법인 세수의 4~10%에 해당하는 1000~2400억 달러 이상의 세금을 회피하는 중이다.

거대 IT 기업은 제조업보다 세율이 낮다. 다시 말해 거대 IT 기업들이 성공적으로 조세를 회피한다는 뜻이다. 모리노부 시케키의 의견에 따르면, 2017년 애플Apple의 실효 세율實效稅率은 24.6%, 해외 수익에 관한 실효 세율은 21%로, 미국연방의 법정 세율 35%, 실효 세율 40.75%와 비교하면 상당히 낮다. 제조업에 비해 IT 기업의 실효 세율은 이처럼 낮다. IT 기업에 의해 경제가 성장한다 하더라도 세수는 그만큼 증가하지 않는다.

제국주의와 IT 기술이 만든 중간 빼먹기 세상

대영제국은 금융제국이었다. 대영제국의 무기는 전신이었다. 전신이 등장하면서 사람들을 연결한 매개가 인간에서 기계로 바뀌었다. 오늘날에는 인터넷을 매개로 결제를 한다. 대영제국이 전신으로 강대국이 되었듯이 인터넷은 1970년대 침체되었던 미국 경제를 부활시켰다.

인터넷은 자본의 움직임을 급속하게 촉진했다. 자본의 이동이 간단해졌다. 대영제국의 유산과 인터넷이 결합하며 오늘날의 조세 피난처가 등장했다. 물론 영국과 무관한 조세 피난처도 존재한다. 그러나 OECD 조세위원회 조사에 의하면, 전 세계 조세 피난처 35개 지역 중 22곳이 영국과 밀접하다. 대영제국이 조세 피난처를 낳았다 해도 과언이 아니다. 게다가 영국 해외 영토 및 왕실령과 인터넷이 교묘하게 연동되면서, 적어도 대영제국의 연장선으로서의 조세 피난처 시스템이 여전히 작동하는 중이다.

IT 산업은 무형자산이 매우 큰 비중을 차지하는 산업이다. 지금까지의 제조업과는 이 점에서 크게 다르다. 더욱이 제조업만큼 실효 세율이 높지 않으면서 한편으로는 제조업 이상으로 조세 피난처를 이용하기 때문에, 각국 정부 재정에 그다지 기여하지 않았을 것이다. 그렇기에 IT업계의 자산 규모가 성장할수록 일반 국민의 납세 부담은 상대적으로 증가할 것으로 우려된다. 이는 곧 인터넷 사회의 어두운 측면이기도 하다. 전신에서 인터넷으로 결제 수단이 바뀌고, 사람과 사람을 연결하는 '보이지 않는 매개'로서의 인터넷이 앞으로 더더욱 발전할 것이다. 그러한 연결망은 조세 피난처와 결합하여 빈부격차를 극대화할 것이다.

세상은 점점 현금이 없는 캐시리스Cashless 사회로 발전하는 중이다. 신용카드와 모바일 결제가 일상화될수록 사람들은 자기도 모르게 어딘가에 거래 수수료를 지불한다. 현대 사회는 말하자면 중간 빼먹기가 공공연히 이뤄지는 세상이다. 영국이 이룩한 수수료 자본주의는 여기까지 진화했다. 바야흐로 IT 기업이 중간상인이 되어 사람들의 소득과 부의 격차를 확대하고 있다. 우리는 바로 이 문제에 주목해야 한다.

사람과 물품, 돈과 정보의 흐름이 분리되다

　이 책의 내용을 한마디로 요약하자면, '세계화의 역사'일 것이다. 필자는 인류 최초의 세계화는 아프리카에 등장한 인류의 조상이 전 세계로 퍼져나간 것이라 생각한다. 이 책은 그 이후 지구 각지에서 나타난 거래의 역사에 주목한다.

　이 책의 주인공은 상인이다. 엄밀하게 따지자면, 사람과 사람을 연결하는 중간상인이다. 먼 옛날에는 메소포타미아 문명과 이집트 문명을 포함한 오리엔트 문명을, 인더스 문명과 연결한 중간상인이 있었다. 이후 페니키아인은 지중해 항로를 개척해 바다에서 중계무역에 종사했다. 페니키아인이 세계에 끼친 공헌은 결코 과소평가할 수 없다. 한편 파르티아인은 로마와 대결했을 뿐만 아니라 실크로드가 형성된 무렵 중간상인으로 활동했다.

　7세기에 탄생한 이슬람 상인은 유라시아 세계의 다양한 지역에 진출해 대항해시대가 시작될 때까지 세계 최대의 중간상인으로 군림했다. 소그드인은 당나라와 지중해를 연결하여 실크로드에서 활약한 중간상인이었다. 또한 당나라의 건국을 돕고 그곳에서 관료로 활동했다. 중간상인은 광범위한 지식을 이용해 거래 상대국에서 고위직으로 등용될 수도 있었다.

6장에서는 지중해를, 7장에서는 북해와 발트해를 중심으로 한 '시장 통합'에 공헌한 중간상인의 활동을 살펴보았다. 지중해에서는 이탈리아인 외에도 세파르디, 아르메니아인이 이문화 교역의 일부를 구성했다. 포르투갈 상인은 동아시아로 진출하고, 동남아시아에서 향신료를 수입해 이탈리아 상인의 영향력을 추월했다. 북해와 발트해에서는 바이킹, 한자동맹, 네덜란드 상인이 차례대로 통합 시장을 구축했다. 네덜란드인은 발트해 무역을 '어머니 무역'이라 불렀다. 유럽의 경제를 장악한 네덜란드인에게 발트해 무역은 경제적 성공의 근간이었다. 발트해 무역으로 이익을 확보한 네덜란드는 북유럽을 넘어 세계 최대의 중간상인으로 활약했다.

8장에서는 대항해시대 초창기에 활약한 중간상인으로 포르투갈 상인과 에스파냐 상인을 소개한다. 그들 덕분에 중간상인의 영향력은 세계적인 규모로 확장했다. 그들은 자국에서 멀리 떨어진 지역으로 진출해 상업에 종사했다. 9장은 영국의 '수수료 자본주의'에 관해 논했다. 영국은 세계 최초로 산업혁명에 성공해 공업국가로 발전했다. 19세기 말부터 20세기 초까지의 영국은 전신을 기반에 둔 수수료 자본주의 국가이자 전 세계를 호령한 금융제국이었다.

10장에서는 일본 경제성장에 영사 제도와 종합상사가 얼마나 중요한 역할을 했는지를 서술했다. 영사관과 종합상사는 해외 진출을 원하는 기업들에 필요한 정보를 제공했다. 종합상사는 나아가 투자 영역에도 진출하여 새로운 사업 기회를 개척했다. 과거와 달리 종합상사의 역할이 크게 바뀌었으나 해외와의 밀접한 관계에 바탕을 둔 양질의 사업정보를 제공한다는 핵심 기조는 여전하다. 마지막 11장에서는 조세 피난처(택스 헤이븐)와 영국 왕실, IT 기업의 관계에 관해 이야기했다. 조세 피난처의 적잖은 지역이 '대영제국'의 유산이다. 조세 피난처 중에는 영국 왕실령, 해외 영토라는 회색지대의 특성을 이용한 곳이 있다. 그리고 IT 산업이 제조업에 비해 훨씬 실효 세율이 낮은 이유 중 하나는 조세 피난처를 이용하기 때문이다. 조세 피난처를 이용해 본래 납부해야 할 세금을 내지 않는 기업이 있다면, 그 부분만큼의 세금은 다른 일반 국민이 납부해야 한다. 이는 대영제국이 퍼트린 어두운 유산이라고 말할 수 있다.

이 책은 메소포타미아 문명에서 현대에 이르는 역사를 중간상인이라는 주제로 서술했다. 중간상인은 아주 장기간에 걸쳐 존재하는 사람들이지만 현재는, 적어도 일부가 인터넷으로 대체됐다. 물론 완전히 그렇다는 뜻은 아니다. 이런 경향은 영국에서 이른바 '전신 결제' 체제가 발전했을 때부터 나타난 추세다. 이러한 흐름은 사람과 물품의 움직임을 돈과 정보의 움직임과 분리한다. 인터넷 사회에서는 우리가 다국적기업 아마존Amazon에서 상품을 구입할 때마다 수수료를 지불한다. 비非현금 사회, 캐시리스 사회가 될수록 우리는 부지불식간에 수수료를 지불당한다. 그리고 수수료 비율이 어느 정도인지도 크게 인식하지 않는다. 이것이 IT 기업이 중간상인으로 활약하는 오늘날의 특징이다. 그들이 챙겨가는 수수료의 총액은 높고, 분명하게 파악할 수는 없으나 조세 피난처와 연결되어 있다. 이것이 현대사회의 실상이다. 현대사회에서는 IT 산업이라는 중간상인 때문에 빈부격차가 점점 더 크게 벌어지고 있다.

후기

저명한 네덜란드 역사가 요한 하위징아Johan Huizinga는 자신의 대표작인 《중세의 가을》에서 이렇게 말했다.

세상이 아직 어렸을 때, 5세기 전 즈음에는, 살면서 겪는 사건들이 지금보다 훨씬 더 뚜렷한 형태를 띠고 있었다. 슬픔과 기쁨 사이의, 행복과 불행 사이의 거리는 우리 시대의 거리보다 더 길었던 것 같다. 당시를 살던 모든 사람의 경험에는, 기뻐하고 슬퍼하는 아이의 마음에서 엿볼 수 있는 직접성 또는 절대성이 아직 완전히 사라지지 않았다.

이 책에서 다룬 8장(대항해시대)까지의 세계사는 하위징아의 표현 같은 상태라고 간주하며 서술했다. 메소포타미아 문명이 태동한 시대부터 대항해시대에 이르기까지는, 전 세계의 양상을 사람들이 알지 못했다. 그러한 시대에서, 사람과 사람을 연결한 중간상인이 진정 세계화의 담당자였다. 그래서 필자는 그들이 어떻게 세계를 연결했는지를 서술했다.

세계에는 아직도 미지의 지역이 많다. 어린이의 탐구심으로 미지의 땅에 들어갔던 사람들은 머지않아 그곳 사람들과 교역을 하였다. 그곳에는 행운과 불행이 많았다. 이런 노력으로 세상은 점점 더 넓어졌다. 그 과정에서 사람과 사람을 잇는 중간상인의 역할이 매우 컸고, 현재도 그 역할의 가치와 위상은 그리 달라지지 않았다.

앞에서 인용한 하위징아는 14~15세기를 르네상스의 시대가 아니라 중세의 종언으로 간주했다. 이 책은 하위징아와 비슷한 입장에서 서술됐다. 오늘날의 현대가, 세계에서 미지의 땅을 지우고 확대를 거듭한 과거의 끝이라 생각했다. 반대로 오늘날의 현대가 르네상스라면, 지금은 새로운 시스템이 형성되는 세기가 된다.

코로나19의 영향으로, 우리는 이동하지 않고도 온라인으로 '직접' 만나는 일이 가능해졌다. 인간이 이동 없이 밀접하게 교류할 수 있게 된 시대가 도래했다. 현재 우리는 이동이 사라질 세계화의 시대에 돌입하는 중이다. 지금까지와는 전혀 다른 시대의 탄생을 목격하고 있는 셈이다. 즉 우리는 지금 두 개의 시대가 공존하는 순간을 살고 있다.

이 책의 집필에는, 앞서 펴낸《박해받은 이민의 경제사迫害された移民の経済史》를 출간할 때와 마찬가지로 편집부 와타나베 시에渡辺史絵 선생에게 큰 신세를 졌다. 감사하는 마음을 담아 후기에 그분의 성함을 적는다.

2023년 6월 오사카 나카노시마에서 다마키 도시아키

단행본 및 논문

靑柳正規.《인류 문명의 여명과 노을녘》講談社學術文庫, 2018.

靑山和夫.《마야 문명−밀림에 번영한 석기 문화》岩波新書, 2012.

阿部拓兒.《아케메네스조페르시아−사상 첫 세계 제국》中公新書, 2021.

安倍雅史.《수수께끼의 해양 왕국 딜문−메소포타미아 문명을 떠받친 교역 국가의 발흥과 붕괴》中公選書, 2022.

荒川正晴.〈당제국과 소그드인의 교역 활동〉《동양사연구》56권 3호, 1997.

荒川正晴.〈소그드인의 이주 취락과 동방 교역 활동〉《岩波講座세계역사15: 상인과 시장−네트워크 속의 국가》岩波書店, 1999.

荒川正晴.〈당대의 교통과 상인의 교역 활동〉《고대 동아시아의 도로와 교통》勉誠出版, 2011.

荒川正晴.〈소그드인의 교역 활동과 향료의 유통〉《專修대학사회지성개발연구센터−고대동유라시연구센터 연보》제5호, 2019.

井上文則.《실크로드와 로마 제국의 흥망》文春新書, 2021.

石見淸裕.〈당과 튀르크인·소그드인−민족의 이동·이주에서 본 동아시아사〉《專修대학사회지성개발연구센터−동아시아세계사연구센터 연보》1호, 2008.

上杉彰紀.《인더스 문명−문명 사회의 다이내미즘을 찾아서》雄山閣, 2022.

応地利明.《통북투−交界 도시의 역사와 현재》臨川書店, 2016.

大月康弘.〈중세 로마 제국의 사회 경제 시스템−재분배 국가와 시장의 역할〉《경제연구소연보》31호, 2018.

大森一宏·木山實·大島久幸.《종합 상사의 역사》關西學院대학출판회, 2011.

岡田明子·小林登志子.《수메르 신화의 세계—점토판에 새겨진 最古의 로망》
　　中公新書, 2008.

川北稔.《공업화의 역사적 전제—제국과 젠틀맨》岩波書店, 1983.

氣賀澤保規.《현란한 세계 제국 수당시대》(중국의역사 6) 講談社학술문고, 2020.

熊野聰.《바이킹의 역사—실력과 우정의 사회》創元세계사라이브러리, 2017.

栗田伸子·佐藤育子.《통상국가 카르타고》(흥망의 세계사) 講談社학술문고, 2016년

小泉龍人.《도시의 기원—고대 선진 지역, 서아시아를 가다》講談社選書메티에,
　　2016년

合田寬著.《이것으로 아는 택스헤이븐—거대 기업·부자들의 '세금 회피'를
　　중단시켜라!》합동출판, 2016.

小林泰.《이슬람 제국의 지하드》(흥망의 세계사) 講談社학술문고, 2016.

後藤健.《메소포타미아와 인더스의 사이—알려지지 않은 해양 고대 문명》筑摩選書,
　　2015.

小林登志子.《수메르—인류 最古의 문명》中公신서, 2005.

小林敬幸.《이상한 종합 상사》講談社+α신서, 21017.

佐藤洋一郎.《식(食)의 인류사—유라시아의 수렵·채집, 농경, 유목》중공신서, 2016.

猿島弘士.《종합 상사란 무엇인가—최강의 비즈니스 창조 기업》平凡社新書, 2022.

志賀櫻.《택스헤이븐—달아나는 세금》암파신서, 2013.

斯波照雄·玉木俊明編著.《북해·발트해의 상업 세계》悠書館, 2015.

杉山正明.《유목민으로 본 세계사 증보판》日經비즈니스人文庫, 2011.

杉山正明.《대몽골의 세계—땅과 바다의 거대 제국》角川소피아문고, 2014.

高橋理.《한자'동맹'의 역사—중세 유럽의 도시와 상업》創元社, 2013.

田中隆之.《종합 상사 연구—기원, 성립, 전개》동양경제신보사, 2012.

田中隆之.《종합 상사—그 '힘'과, 일본 기업의 '다음'을 찾는다》祥伝社新書, 2017.

玉木俊明.《북방 유럽의 상업과 경제—1550~1815년》知泉書館, 2008.

玉木俊明.《해양 제국 흥륭사—유럽·바다·근대 세계 시스템》講談社선서미티에,
　　2014.

玉木俊明. 《유럽 패권사》 치쿠마신서, 2015.

玉木俊明. 《정보제국의 흥망－소프트파워 500년사》 講談社현대신서, 2016.

玉木俊明. 《확대하는 유럽 세계－1415~1914》지 천서관, 2018.

玉木俊明. 《역전의 세계사－패권 쟁탈의 5천년》 일본경제신문출판사, 2018.

玉木俊明. 《금융화의 세계사－대중 소비 사회에서 GAFAM의 시대로》 치쿠마신서, 2021.

玉木俊明. 《박해받은 이민 경제사－유럽 패권, 그림자의 주역》 河出書房新社, 2022.

玉木俊明. 《수수료와 물류의 경제 全史》 동양경제신보사, 2022.

角山榮. 《'통상 국가' 일본의 정보 전략－영사 보고를 읽다》 吉川弘文館, 2018.

中田一郎. 《함무라비왕－법전의 제정자》 山川출판사, 2014.

中田一郎. 《메소포타미아 문명 입문》 岩波주니어신서, 2007.

古松崇志. 《초원의 제패－대몽골까지》(시리즈 중국의역사 3) 岩波신서, 2020.

堀和生編著. 《동아시아 자본주의론 II－구조와 특질》 미네르바書房, 2008.

前川和也·森若葉. 〈초기 메소포타미아사 속의 딜문, 마간, 메르하〉 《셈계부족 사회의 형성》 11, 2008.

前田徹. 《고대 오리엔트사 강의－수메르 왕권의 형태와 사회의 형성》 山川출판사, 2020.

前田弘毅. 《아바스 1세－바다와 땅을 연결한 '이란'세계의 건설자》 山川출판사, 2022.

宮本一夫. 《신화에서 역사로－신화 시대 夏왕조》 講談社학술문고, 2020.

本村凌二. 《지중해 세계와 로마 제국》 講談社학술문고, 2017.

森谷公俊. 《알렉산드로스의 정복과 신화》 講談社학술문고, 2016.

森信茂樹. 《세금으로 일본은 되살아난다－성장력을 높이는 개혁》 일경BP, 2015.

森安孝夫. 《실크로드와 당제국》(흥망의 세계사) 講談社학술문고, 2016.

森安孝夫. 《실크로드 세계사》 講談社학술문고, 2020.

家島彦一. 《인도양 해역 세계의 역사－사람의 이동과 교류의 크로스로드》 치쿠마학예문고, 2021.

山本紀夫,《하늘의 제국 잉카−그 수수께끼에 도전한다》PHP신선, 2011.

山本紀夫,《고지 문명−'또 하나의 4대 문명'의 발견》中公신서, 2021.

渡辺信一郎,《중화의 성립−당대까지》(시리즈중국의역사) 岩波신서, 2019.

渡邉義浩,《한제국−400년의 흥망》中公신서, 2019.

월러스틴 지음, 川北稔 옮김,《근대 세계 시스템》(전4권) 나고야대학출판회, 2013.

데이비드 커비·멜루자−리자 힌카넨 지음, 玉木俊明·牧野正憲·谷澤毅·
    根本聰·柏倉知秀 옮김.《유럽의 북쪽 바다−북해·발트해의 역사》刀水서방,
    2011.

린다 콜리 지음, 川北稔 감수 및 옮김.《영국 국민의 탄생》나고야대학출판회, 2000.

로즈마리 셀든 지음, 三津間康幸 옮김.《로마와 파르티아−2대제국의
    격돌300년사》白水社, 2013.

수잔 스트레인지 지음, 小林襄治 옮김.《카지노 자본주의》岩波현대문고, 2007.

에티엔 드 라 베시에르 지음, 影山悅子 옮김.《소그드 상인의 역사》岩波서점, 2019.

프란체스카 트리벨라토 지음, 和栗珠里·藤内哲也·飯田巳貴 옮김.《이문화간
    교역과 디아스포라근세 리보르노와 세파르딤 상인》知泉書館, 2019.

프란체스카 트리벨라토 지음. 玉木俊明 옮김.《세계를 연결시킨 무역상인−지중해
    경제와 교역디아스포라》치쿠마학예문고, 2022.

조너선 해스컬·스티안 웨스트레이크 지음, 山形浩生 옮김.《무형 자산이 경제를
    지배한다−자본없는 자본주의의 정체》동양경제신보사, 2020.

토마 피케티 지음, 山形浩生·守岡櫻·森本正史 옮김.《21세기 자본》미스즈서방,
    2014.

앙리 피렌 지음, 佐佐木克巳 옮김.《중세 도시−사회경제사적 시론》
    講談社학술문고, 2018.

앙리 피렌 지음, 增田四郎 감수, 中村宏·佐佐木克巳 옮김.《유럽 세계의 탄생−
    마호메트와 샤를마뉴》講談社학술문고, 2020.

존 브뤼야 지음, 大久保桂子 옮김.《재정=군사 국가의 충격−전쟁·돈·영국
    1688~1783》나고야대학출판회, 2003.

케네스 포멘란츠 지음, 川北稔 감수 및 옮김.《대분기−중국, 유럽, 그리고 근대 세계

경제의 형성》나고야대학출판회,2015.

라울 맥러플린 지음, 高橋亮介 赤松秀佑 옮김. '로마 제국에 있어서 인도양 교역의
　　위치－고대 세계에서 동방 교역의 경제적·재정적 중요성'《인문학보》제517－9호,
　　2021.

S·R 락소 지음, 玉木俊明 옮김.《정보의 세계사—외국과의 사업 정보 전달 1815∼1875》
　　知泉書館, 2014.

온라인 자료

森信茂樹. "디지털 경제에 어떻게 과세할까, 24조엔이나 회피한 GAFAM" [https://
　　www.nippon.com 2019sus]

세계사의 창 [https://www.y－history.net]

종합상사 자료 [https://minshou.net/]

상인의
세계사

초판 1쇄 발행 2024년 9월 25일

지은이	다마키 도시아키
옮긴이	이인우
펴낸이	최용범
편집기획	박승리
마케팅	강은선
디자인	김규림
관리	이영희
인쇄	㈜다온피앤피

펴낸곳	**페이퍼로드** paperroad
출판등록	제2024-000031호(2002년 8월 7일)
주소	서울특별시 관악구 보라매로5가길 7 1309호
이메일	book@paperroad.net
페이스북	www.facebook.com/paperroadbook
전화	(02)326-0328
팩스	(02)335-0334
ISBN	979-11-92376-43-1 (03900)